모두가 할 수 있는

플러터 UI 실전

클론 코딩으로 최신 트랜디한 3가지 앱 UI 만들기

모두가 할 수 있는

플러터 UI 실전 [플러터 2 최신판 반영]

클론 코딩으로 최신 트랜드한 3가지 앱 UI 만들기

초판 1쇄 발행 | 2021년 08월 20일

지은이 | 김근호, 최주호, 황승준 공저
펴낸이 | 김병성
펴낸곳 | 앤써북

출판사 등록번호 | 제 382-2012-0007 호
주소 | 경기도 고양시 일산 서구 가좌동 565번지
전화 | 070-8877-4177
FAX | 031-919-9852
도서문의 | 앤써북 http://answerbook.co.kr

ISBN | 979-11-85553-82-5 13000

Preface

머리말

프로그래머의 어원은 라틴어로 로마 신화에 등장하는 티탄 신족 "먼저 생각하는 사람"에서 온 말로 "먼저 그림을 그려 보는 자"라는 말이다. 프로그램을 개발하다 보면 매번 새로운 것을 배워야 하고 배운 것을 코드에 녹여 내야 하는 일의 연속입니다. 그 과정 속에서 논리적인 개념 또는 코드에 복잡성이 점차 높아지게 되는 것은 필연적인 부분입니다. 그래서 프로그래밍이 힘들고 어렵게 느껴질 수도 있습니다. 하지만 힘들고 어렵게 느껴질 때마다 머릿속에 드는 생각을 직접 만들어 보면서 문제를 해결하고 직접 구현해보면서 흥미를 더욱 붙일 수 있게 합니다.

이 책의 컨셉은 실제 서비스되는 앱의 화면들을 직접 만들어 보면서 실무에서 적용할 수 있는 개념들과 기법을 배우고 익숙해 가능 과정을 담고 있습니다. 프로그램 실력을 가장 빨리 키울 수 있는 방법은 직접 만들어 보는 것이라고 생각합니다.

김근호 씀

플러터를 공부할 수 있는 책들을 보면서 완성물이 나올 수 있는 책이 필요하다는 것을 느꼈습니다. 그래서 플러터로 UI를 만드는 프로젝트 책을 기획하였습니다. 책을 집필하면서 생각보다 프로젝트 책이 만만하지 않다는 것을 알게 되었습니다. 코드의 순서도 중요하고, 코드가 쉬워야 하고, 가독성도 중요하여서 코드 작성에 정말 많은 시간을 쏟게 되었습니다.

가장 인기 있는 최신 트렌드 앱의 UI를 만들어보면서 독자들이 플러터에 많은 흥미를 가졌으면 좋겠습니다.

최주호 씀

모든 배움의 단계에는 이해의 과정 다음에 지루한 반복 학습의 과정을 거쳐 창작의 단계로 넘어갑니다. 앱을 만드는 과정에서 프로그래밍에 대한 흥미를 잃는 경우가 많이 있습니다. 이 책은 앱 제작을 시작하는 독자들을 대상으로 플러터를 활용하여 서비스가 되고 있는 앱의 UI를 직접 만들어 보고 실제 서비스 가능한 앱을 쉽고 빠르게 만들 수 있게 가이드를 해줍니다.

학생들을 가르칠 때 교과서에 집중된 일방적 수업 보다는 학생과의 소통을 통해 쉽고 재미있게 이해할 수 있도록 학생들의 눈높이에 맞춘 교육을 추구합니다. 따라하면서 직접 앱을 만드는 여러분들에게 재미와 눈높이에 맞는 책이 되어 도움이 되길 바랍니다.

황승준 씀

Receive Book Source Resources

책 소스/자료 받기

이 책을 보는 필요한 모든 소스 코드와 업데이트 내용 등 최신 정보는 필자가 운영하는 다음 깃허브 경로에 공개되어 있습니다. 다음 경로로 이동하여 Code – Download ZIP 버튼을 클릭하면 책소스를 다운로드할 수 있습니다.

- https://github.com/flutter-coder/flutter-ui-book2

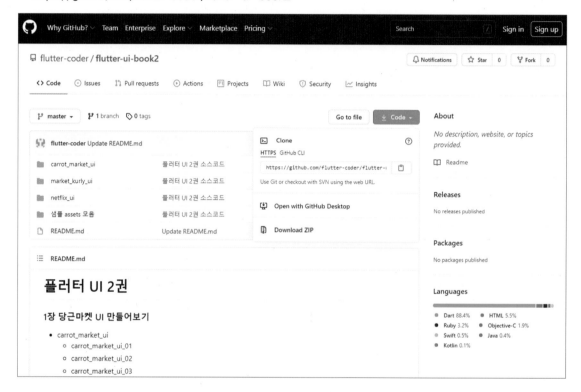

다운로드 받으면 좋은 점

❶ 소스 코드를 다운 받아두면 교재를 진행하다가 막히는 부분의 소스 코드를 참고할 수 있습니다.

❷ 샘플 assets 모음 폴더에 교재 진행에 필요한 이미지가 모여 있습니다.

플러터 깃허브 프로젝트 다운로드 받고 실행하는 방법은 다음 블로그 포스트를 참고합니다.

- https://blog.naver.com/getinthere/222339023005

Reader Support Center

독자 문의

책을 보면서 궁금한 점은 저자가 운영하는 JSPStudy.co.kr)의 "Q&A" 게시판에서 문의하고 답변 받을 수 있습니다.

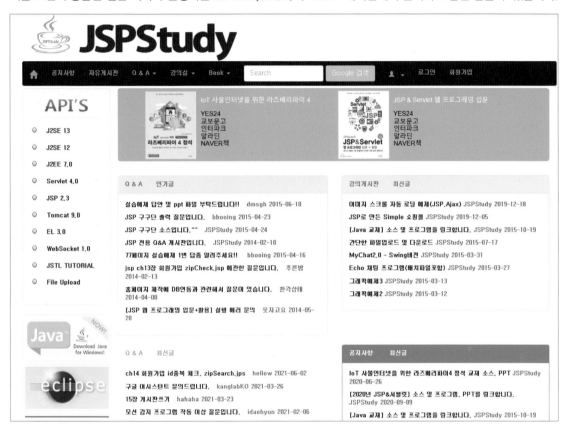

Contents

목차

Chapter 02

모두의컬리 UI 만들어보기

Contents

목차

Chapter
03

모두의플레이 UI 만들어보기

Contents

목차

Flutter project

## CHAPTER 01

모두의마켓 UI 만들어보기

모두의마켓은 중고거래 모바일 서비스 앱입니다. 모두의마켓 UI 만들어보기는 실제 많은 사람이 사용하고 있는 앱을 벤치마킹하여 직접 개발해보면서 짧은 예제 학습만으로 부족했던 자신감과 실력을 가장 빨리 키울 수 있는 전략입니다. 특히 application 개발을 잘하기 위해서는 먼저 UI를 손쉽게 잘 만드는 것이 필승패턴 중 하나입니다. 하지만 처음부터 너무 어려운 UI를 도전해 보는 것은 부담이 될 수 있습니다. Flutter를 보다 효과적으로 정복하기 위해서 단계적으 로 필수적인 개념들을 직접 구현해 보면서 자신감과 실력을 키울 수 있도록 합시다.

[앱 미리보기] 모두의마켓 앱 구조 살펴보기

모든 소스 코드는 https://github.com/flutter-coder/flutter-ui-book2 에 공개되어 있습니다.

◆ 홈 완성화면

◆ 나의 당근 완성화면

◆ 채팅 완성화면

◆ 동네생활 완성화면

◆ 내 근처 완성화면

※ 안내 : 이 책은 플러터로 앱을 직접 만들어볼 수 있는 실전북으로 플러터 기본 문법 등 기초 내용은 설명되어 있지 않습니다. 플러터 기초 내용은 〈모두가 할 수 있는 플러터 UI 입문〉 책을 참조합니다.

01 _ 1 앱 뼈대 만들기

해당 소스 코드는 https://github.com/flutter-coder/flutter-ui-book2/tree/master/carrot_market_ui/carrot_market_ui_01에 공개되어 있습니다.

Flutter로 앱을 처음 만들면 어디서부터 작업을 시작해야 할지 막막할 수 있습니다. 그래서 앱을 만드는 작업 순서를 나열하고 그 작업 순서에 맞게 UI를 만들어보겠습니다. 우리가 해야 할 첫 번째 작업은 앱의 뼈대를 만드는 것입니다.

> **❝** Android Studio와 Flutter를 설치하지 않았다면 아래 주소를 참고해주세요.
> Flutter 설치 방법 : https://blog.naver.com/getinthere/222324876638
>
> Android Studio와 Flutter 설치 동영상 강좌

프로젝트를 만들어 주세요. 이름은 carrot_market_ui 로 하겠습니다.

작업 순서

❶ 폴더 및 파일 만들기
❷ pubspec.yaml 파일 설정하기
❸ main_screens.dart에 기본 코드 입력하기
❹ 앱 테마 설정하기
❺ main.dart 파일 완성하기

> **❝** 각 장마다 작업 순서를 명시 했습니다. 그 이유는 복잡한 UI를 구성하기 위해서 전체적인 구조를 보고 학습할 수 있게 도움을 주고 싶었습니다. 작업 순서는 여러분이 교재를 학습하기 위한 알고리즘이라고 생각하면 됩니다.

> 폴더 및 파일 만들기 기본 동영상강좌

폴더 및 파일 만들기

코드를 한곳에 모두 작성하는 것은 좋은 방법이 아닙니다. 가독성 및 재사용을 위해 위젯이나 코드들을 별도의 폴더와 파일로 나누는 것이 좋습니다. 아래와 같은 구조로 폴더와 파일들을 만들어봅시다.

```
lib
- models // 화면에 필요한 샘플 데이터와 데이터 모델 클래스 관리 폴더
- screens // 5개의 화면 파일이 모여 있는 폴더
    - chatting // 채팅 화면에 사용될 위젯 모음 폴더
    - components // 여러 화면에서 공통으로 사용될 위젯 모음 폴더
    - home // 홈 화면에 사용될 위젯 모음 폴더
    - my_carrot // 나의 당근 화면에 사용될 위젯 모음 폴더
    - near_me // 내 근처 화면에 사용될 위젯 모음 폴더
    - heighborhood_life // 동네생활 화면에 사용될 위젯 모음 폴더
    main_screens.dart // IndexedStack, BottomNavigation 위젯을 가지는 파일
main.dart
theme.dart // 앱 테마 관리 파일
```

◆ 기본 폴더 구조

pubspec.yaml 파일 설정하기

pubspec.yaml 파일은 간단하게 프로젝트를 정의하는 파일입니다. 프로젝트의 이름, 버전, 개발 환경 등을 정의하고 앱 개발에 필요한 폰트, 아이콘 및 편리한 기능들을 가져와서 사용할 수 있게 도와주는 파일입니다. pubspec.yaml 파일을 열고 다음과 같이 작성을 해 봅시다.

carrot_market_ui/pubspec.yaml

```yaml
name: carrot_market_ui    // 프로젝트의 이름을 명시합니다.
description: A new Flutter application.
...
version: 1.0.0+1

environment:
  sdk: ">=2.12.0 <3.0.0"   // ❶ Dart 버전을 나타내고 Null safety를 사용할 수 있는 버전입니다.

dependencies:
  flutter:
    sdk: flutter



  # The following adds the Cupertino Icons font to your application.
  # Use with the CupertinoIcons class for iOS style icons.
  cupertino_icons: ^1.0.2
  google_fonts: ^2.0.0     // ❷ 여러 가지 글꼴 스타일을 사용할 수 있게 합니다.
  font_awesome_flutter: ^9.0.0  // ❸ 앱에서 사용할 수 있는 아이콘을 제공합니다.
  intl: ^0.17.0   // ❹ DateFormat, NumberFormat 등 다양한 기능을 제공합니다.



dev_dependencies:
  flutter_test:
    sdk: flutter
```

❶ sdk 버전을 확인해 주세요. 2.12.0 보다 버전이 아래이면 위와 같이 수정해주세요.

❷ google_font 패키지를 추가합니다.

❸ font_awesome_flutter 패키지를 추가합니다.

❹ intl 패키지를 추가합니다.

main_screens.dart 기본 코드 작성

이 앱의 메인 화면이 될 파일입니다. 앞서 만들었던 lib / screens 폴더 아래 main_screens.dart 파일을 열고 기본 코드를 입력해 봅시다. Android Studio에서 "stf"를 입력하고 자동완성 기능을 이용하면 더욱 편리합니다.

```
lib / screens / main_screens.dart

import 'package:flutter/material.dart';

class MainScreens extends StatefulWidget {
  @override
  _MainScreensState createState() => _MainScreensState();
}

class _MainScreensState extends State<MainScreens> {
  @override
  Widget build(BuildContext context) {
    return Container(
      child: Center(
        child: const Text('MainScreens'),
      ),
    );
  }
}
```

앱 테마 설정하기

반복적인 글꼴과 색상 등을 매번 지정하는 것은 번거로운 일이 될 수 있습니다. 우리는 theme.dart 파일에서 자주 사용되는 TextTheme와 appBarTheme를 정의하고 사용하는 방법을 배워 봅시다. 다음과 같이 코드를 입력해 주세요. 주석으로 표시된 부분은 입력하지 않아도 됩니다.

TIP

pubspec.yaml 파일에서 띄어쓰기를 잘 지켜주세요.
pub get 실행 후 main.dart 파일에 오류 표시가 확인된다면 코드를 조금 수정해 봅시다.

파일 위치: lib / main.dart

코드 라인 31번째 줄

```
30    class MyHomePage extends StatefulWidget {
31        MyHomePage({Key key, this.title}) : super(key: key);
32
```

코드를 다음과 같이 수정해 주세요.

```
30    class MyHomePage extends StatefulWidget {
31        MyHomePage({Key? key, required this.title}) : super(key: key);
32
```

```dart
import 'package:flutter/material.dart';
// ❶
import 'package:google_fonts/google_fonts.dart';
// ❷
TextTheme textTheme() {
  return TextTheme(
    headline1: GoogleFonts.openSans(fontSize: 18.0, color: Colors.black),
    headline2: GoogleFonts.openSans(
        fontSize: 16.0, color: Colors.black, fontWeight: FontWeight.bold),
    bodyText1: GoogleFonts.openSans(fontSize: 16.0, color: Colors.black),
    bodyText2: GoogleFonts.openSans(fontSize: 14.0, color: Colors.grey),
    subtitle1: GoogleFonts.openSans(fontSize: 15.0, color: Colors.black),
  );
}
// ❸
AppBarTheme appTheme() {
  return AppBarTheme(
    centerTitle: false,
    color: Colors.white,
    elevation: 0.0,
    textTheme: TextTheme(
      headline6: GoogleFonts.nanumGothic(
        fontSize: 16,
        fontWeight: FontWeight.bold,
        color: Colors.black,
      ),
    ),
  );
}
// ❹
ThemeData theme() {
  return ThemeData(
    scaffoldBackgroundColor: Colors.white,
    textTheme: textTheme(),
    appBarTheme: appTheme(),
  );
}
```

❶ pubspec.yaml 파일에 등록했던 폰트 관련 패키지를 import 합니다.

❷ Fluter에서 기본적으로 정의되어 있는 textTheme의 속성들을 우리가 사용할 스타일로 재정의합니다. google_font 패키지에 폰트의 종류는 약 970개 중 openSans 폰트를 사용해 크기와 색상을 지정해 놓겠습니다.

❸ Appbar에 사용될 스타일을 미리 정의합니다.

❹ ThemeData 위젯은 우리가 방금 만든 TextTheme와 AppbarTheme를 정의할 수 있는 속성들을 가지고 있습니다. Scaffold 폴더의 배경 색상을 지정하고 thextTheme 속성과 appBarTheme 속성에 우리가 만든 전역 함수들을 지정해 줍시다.

이 프로젝트 앱의 기본적인 디자인 시스템은 Material Design type을 사용합니다. 다음에 나오는 표를 확인해 봅시다.

Example type scale

This example type scale uses the Roboto typeface for all headlines, subtitles, body, and captions, creating a cohesive typography experience. Hierarchy is communicated through differences in font weight (Light, Medium, Regular), size, letter spacing, and case.

Scale Category	Typeface	Weight	Size	Case	Letter spacing
H1	Roboto	Light	96	Sentence	-1.5
H2	Roboto	Light	60	Sentence	-0.5
H3	Roboto	Regular	48	Sentence	0
H4	Roboto	Regular	34	Sentence	0.25
H5	Roboto	Regular	24	Sentence	0
H6	Roboto	Medium	20	Sentence	0.15
Subtitle 1	Roboto	Regular	16	Sentence	0.15
Subtitle 2	Roboto	Medium	14	Sentence	0.1
Body 1	Roboto	Regular	16	Sentence	0.5
Body 2	Roboto	Regular	14	Sentence	0.25
BUTTON	Roboto	Medium	14	All caps	1.25
Caption	Roboto	Regular	12	Sentence	0.4
OVERLINE	Roboto	Regular	10	All caps	1.5

The Material Design type scale. (Letter spacing values are compatible with Sketch.)

◆ Material 기본 글자 크기

Flutter에서 MaterialApp을 사용한다면 헤드라인, 자막, 본문 및 캡션에 Roboto 서체를 사용하게 됩니다. 예를 들어 Text 위젯의 style을 선언하지 않는다면 표에 나와 있는 기본 스타일이 적용됩니다.

◆ Flutter 기본 스타일

- Appbar의 titile 속성의 Text 위젯 style : Flutter 기본 스타일이 적용
- body 영역에서 Text 위젯 style : Flutter 기본 스타일이 적용

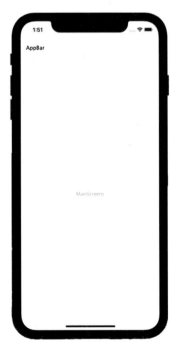

◆ 스타일 적용

- Appbar의 titile 속성의 Text 위젯 style : theme.dart 파일에 정의한 스타일이 적용
- body 영역에서 Text 위젯 style : theme.dart 파일에 정의한 스타일이 적용

TIP

Text 위젯에 style 속성을 사용하지 않으면 위 사진의 Body 2의 스타일로 정의됩니다. Flutter에서는 Body 2를 bodyText2로 표기합니다.
Appbar의 Text 위젯은 기본적으로 H6 스타일로 표시됩니다. Flutter에서는 headline6 속성으로 표기됩니다.
우리가 만든 lib / theme.dart 파일을 Text 위젯에 개별적으로 style을 사용해야 된다면 다음과 같이 사용할 수 있습니다.
Text 위젯 style 개별 사용 예시

Text ('MainScreens', style :textTheme().bodyText2)
// bodyText2: GoogleFonts.openSans(fontSize: 14.0, color: Colors.grey) 스타일 적용

Text ('MainScreens', style :textTheme().headline1)
// headline1: GoogleFonts.openSans(fontSize: 18.0, color: Colors.black) 스타일 적용
theme 개념이 낯설다면 그냥 넘어가세요. 교재를 계속 따라가다 보면 자연스럽게 개념을 잡을 수 있습니다.

main.dart 파일 완성하기

Flutter에서 새로운 프로젝트를 만들면 main.dart 파일에서 샘플 코드를 확인할 수 있습니다. 불필요한 코드를 다 제거하고 다음과 같이 코드를 작성해 봅시다.

lib / main.dart

```
import 'package:carrot_market_ui/screens/main_screens.dart';
import 'package:carrot_market_ui/theme.dart';
import 'package:flutter/material.dart';

void main() {
  // ❶
  runApp(CarrotMarketUI());
}

class CarrotMarketUI extends StatelessWidget {
  @override
  Widget build(BuildContext context) {
    // ❷
    return MaterialApp(
      title: 'carrot_market_ui',
      debugShowCheckedModeBanner: false,
      // ❸
      home: MainScreens(),
      // ❹
      theme: theme(),
    );
  }
}
```

❶ main() 함수는 앱이 시작될 때 코드의 진입점입니다. runApp() Flutter에게 앱의 최상위 위젯이 무엇인지 알려 줍니다.

❷ 일반적으로 앱을 만들 때 필요한 Material Design type의 여러 편의 위젯들을 제공합니다.

❸ MaterialApp의 home 속성은 애플리케이션이 정상적으로 시작될 때 처음 표시되는 경로(화면)를 Flutter에게 알립니다. lib / screens / main_screens.dart 파일에 정의한 MainScreens 위젯으로 지정하였습니다.

❹ theme 속성에 theme.dart 파일에서 작업한 전역 함수 theme() 함수를 연결합니다. MaterialApp에서 기본적으로 정의되어 있는 스타일에서 우리가 새롭게 정의한 스타일을 사용하게 됩니다.

◆ widget_text 파일 삭제

> ❝main.dart 파일을 수정하면 test / widget.dart 파일에 빨간색 표시(오류)가 생깁니다. 해당 파일은 코드를 테스트할 때 사용하는 파일입니다. 우리 교재에서는 테스트 파일이 필요 하지 않기 때문에 파일을 삭제해 주세요.

01 _ 2 메인화면 만들기

해당 소스 코드는 https://github.com/flutter-coder/flutter-ui-book2/tree/master/carrot_market_ui/carrot_market_ui_02 에 공개되어 있습니다.

◆ 메인 기본 화면

메인 화면에는 IndexedStack와 bottomNavigationBar를 함께 사용하는 방법과 동작 방식을 알아
보겠습니다.

화면을 만들 때 매우 인기 있는 위젯 구성 방식이기 때문에 작업 순서에 맞춰 학습해 보겠습니다.

작업 순서

❶ MainScreens 위젯 기본 코드 작성하기
❷ primaryColor 설정하기
❸ IndexedStack의 하위 위젯 만들기
❹ MainScreens 위젯 완성하기

MainScreens 위젯 기본 코드 작성하기

◆ IndexedStack 1　　　　◆ IndexedStack 2

먼저 이번 프로젝트 앱의 메인 화면의 동작 방식을 알아 둘 필요가 있습니다. 그중 가장 핵심이 되는
위젯은 IndexedStack 위젯과 BottomNavigationBar 위젯입니다. 이 두 위젯을 활용해서 사용자가
하단 아이콘 버튼을 눌렀을 때 위젯들의 상태가 변경되는 화면을 만들 수 있습니다. 앱 뼈대 만들기
에서 작업했던 main_screens.dart 파일을 열고 다음과 같이 코드를 작성해 봅시다.

```dart
import 'package:flutter/cupertino.dart';
import 'package:flutter/material.dart';

class MainScreens extends StatefulWidget {
  @override
  _MainScreensState createState() => _MainScreensState();
}

class _MainScreensState extends State<MainScreens> {
  // ❶
  int _selectedIndex = 0;

  @override
  Widget build(BuildContext context) {
    // ❷
    return Scaffold(
      // ❸
      body: IndexedStack(
        index: _selectedIndex,
        children: [
          Container(  // index 0
            color: Colors.orange[100],
            child: Center(
              child: Text(
                'IndexedStack 1',
                style: TextStyle(fontSize: 20, color: Colors.black),
              ),
            ),
          ),
          Container(  // index 1
            color: Colors.redAccent[100],
            child: Center(
              child: Text(
                'IndexedStack 2',
                style: TextStyle(fontSize: 20, color: Colors.black),
              ),
            ),
          ),
        ],
      ),
      // ❹
      bottomNavigationBar: BottomNavigationBar(
        items: [
```

```
              BottomNavigationBarItem(
                label: '홈',
                icon: Icon(
                  CupertinoIcons.home,
                ),
              ),
              BottomNavigationBarItem(
                label: '채팅',
                icon: Icon(
                  CupertinoIcons.chat_bubble,
                ),
              ),
            ],
            // ➎
            onTap: (index) {
              setState(
                () {
                  _selectedIndex = index;
                },
              );
            },
            // ➏
            currentIndex: _selectedIndex,
          ),
        );
      }
    }
```

❶ 사용자가 하단 아이콘 버튼을 눌렀을 때 위젯의 index 값을 저장하는 변수입니다.

❷ Scaffold 위젯은 기본적인 시각적 레이아웃 구조를 간편하게 만들 수 있게 도와주는 위젯입니다. AppBar, BottomSheet, BottomNavigationBar, Drawer, Body, FloatingActionButton, SnackBar 등을 편리하게 사용할 수 있게 합니다.

❸ IndexdStack은 한 번에 하위 항목 하나만을 보여주는 스택 위젯입니다. index 속성을 사용하여 현재 보여줘야 할 위젯을 선택합니다.

❹ 일반적으로 세 개에서 다섯 개 사이의 앱의 최상위 화면을 빠르게 탐색할 수 있게 하는 하단에 표시되는 material 위젯입니다.

❺ 사용자가 하단 아이콘 버튼을 눌렀을 때 index 값을 반환하는 메서드입니다. 우리는 setState 함수를 사용해서 멤버 변수 _selectedIndex 변수에 값을 변경할 수 있습니다.

❻ currentIndex 속성은 현재 선택된 BottomNavigationBarItem 항목에 대한 인덱스입니다. 이 속성을 설정해야 BottomNavigationBarItem의 활성화된 상태를 표시합니다.

primaryColor 설정하기

◆ primaryColor 적용 1 ◆ primaryColor 적용 2

primaryColor는 앱의 브랜드 색상이라 할 수 있습니다. 우리가 만들 프로젝트 앱의 브랜드 색상은 orange로 사용하기 때문에 앱 뼈대 만들기에서 작업했던 theme.dart 파일을 열고 코드를 추가해 봅시다.

```
lib / theme.dart

//...생략

ThemeData theme() {
  return ThemeData(
    scaffoldBackgroundColor: Colors.white,
    textTheme: textTheme(),
    appBarTheme: appTheme(),
    // ❶
    primaryColor: Colors.orange,
  );
}
```

❶ lib / theme.dart 파일에서 우리가 만든 전역 함수 theme() 함수에 ThemeData 위젯의 primaryColor 색상을 추가합니다.

IndexedStack의 하위 위젯 만들기

◆ 파일 생성

메인 화면을 구성하기 위해 IndexedStack 위젯의 하위 항목으로 구성될 다섯 개의 화면 위젯이 필요합니다. 앱 뼈대 만들기에서 작업했던 screens 폴더 내부에 파일을 만들고 기본 코드를 작성해 보겠습니다.

❶ chatting_screen.dart 파일 만들기

하단 BottomNavigationBarItem의 채팅 아이콘 버튼을 눌렀을 때 사용하게 될 위젯입니다.

lib / screens / chatting 폴더에 chatting_screen.dart 파일을 만들어 주세요.

lib / screens / chatting / chatting_screen.dart

```dart
import 'package:flutter/material.dart';

class ChattingScreen extends StatelessWidget {
  @override
  Widget build(BuildContext context) {
    return Center(
      child: Text('chattingScreen'),
    );
  }
}
```

❷ home_screen.dart 파일 만들기

하단 BottomNavigationBarItem의 홈 아이콘 버튼을 눌렀을 때 사용하게 될 위젯입니다.

lib / screens / home 폴더에 home_screen.dart 파일을 만들어 주세요.

```
lib / screens / home / home_screen.dart

import 'package:flutter/material.dart';

class HomeScreen extends StatelessWidget {
  @override
  Widget build(BuildContext context) {
    return Center(
      child: Text('homeScreen'),
    );
  }
}
```

❸ my_carrot_screen.dart 파일 만들기

하단 BottomNavigationBarItem의 나의당근 아이콘 버튼을 눌렀을 때 사용하게 될 위젯입니다.
lib / screens / my_carrot 폴더에 my_carrot_screen.dart 파일을 만들어 주세요.

```
lib / screens / my_carrot / my_carrot_screen.dart

import 'package:flutter/material.dart';

class MyCarrotScreen extends StatelessWidget {
  @override
  Widget build(BuildContext context) {
    return Center(
      child: Text('myCarrotScreen'),
    );
  }
}
```

❹ near_me_screen.dart 파일 만들기

하단 BottomNavigationBarItem의 내 근처 아이콘 버튼을 눌렀을 때 사용하게 될 위젯입니다. lib
/ screens / near_me 폴더에 near_me_screen.dart 파일을 만들어 주세요.

```
lib / screens / near_me / near_me_screen.dart

import 'package:flutter/material.dart';

class NearMeScreen extends StatelessWidget {
  @override
  Widget build(BuildContext context) {
    return Center(
      child: Text('nearMeScreen'),
    );
  }
}
```

❺ neighborhood_life_screen.dart 파일 만들기

하단 BottomNavigationBarItem의 동네생활 아이콘 버튼을 눌렀을 때 사용하게 될 위젯입니다. lib / screens / neighborhood_life 폴더에 neighborhood_life_screen.dart 파일을 만들어 주세요.

`lib / screens / neighborhood_life / neighborhood_life_screen.dart`

```dart
import 'package:flutter/material.dart';

class NeighborhoodLifeScreen extends StatelessWidget {
  @override
  Widget build(BuildContext context) {
    return Center(
      child: Text('neighborhoodLifeScreen'),
    );
  }
}
```

MainScreens 위젯 완성하기

main_screens.dart 파일을 완성해 봅시다. 다음과 같이 코드를 수정해주세요.

`lib / screens / main_screens.dart`

```dart
class MainScreens extends StatefulWidget {
  @override
  _MainScreensState createState() => _MainScreensState();
}

class _MainScreensState extends State<MainScreens> {
  int _selectedIndex = 0;

  @override
  Widget build(BuildContext context) {
    return Scaffold(
      body: IndexedStack(
        index: _selectedIndex,
        // ❶
        children: [
          HomeScreen(),
          NeighborhoodLifeScreen(),
          NearMeScreen(),
          ChattingScreen(),
          MyCarrotScreen()
        ],
      ),
      bottomNavigationBar: BottomNavigationBar(
        // ❷
```

```
      backgroundColor: Colors.white,
      // ❸
      type: BottomNavigationBarType.fixed,
      currentIndex: _selectedIndex,
      onTap: (index) {
        setState(() {
          _selectedIndex = index;
        });
      },
      // ❹
      items: [
        const BottomNavigationBarItem(
            label: '홈', icon: Icon(CupertinoIcons.home)),
        const BottomNavigationBarItem(
            label: '동네생활', icon: Icon(CupertinoIcons.square_on_square)),
        const BottomNavigationBarItem(
            label: '내 근처', icon: Icon(CupertinoIcons.placemark)),
        const BottomNavigationBarItem(
            label: '채팅', icon: Icon(CupertinoIcons.chat_bubble_2)),
        const BottomNavigationBarItem(
            label: '나의 당근', icon: Icon(CupertinoIcons.person)),
      ],
    ),
  );
  }
}
```

❶ IndexedStack 위젯의 하위 항목에 우리가 만든 위젯을 넣어 주세요. import 구문은 자동완성 기능으로 만들어 주면 편리합니다.

❷ bottomNavigationBar 배경색을 white로 지정했습니다.

❸ BottomNavigationBarType.fixed는 3개 이상의 아이템을 표시할 때 설정을 해줍니다.

❹ BottomNavigationBarItem 앞에 const 선언하는 이유는 Flutter에게 변하지 않는 위젯임을 알려 줍니다. 그럼 Flutter는 컴파일 시점에서 미리 위젯을 만들어 두기 때문에 앱이 실행되는 런타임 시점에서 위젯을 만들어 줄 필요가 없어 성능에 있어 도움이 됩니다.

```
import 'package:flutter/cupertino.dart';
import 'package:flutter/material.dart';
import 'chatting/chatting_screen.dart';
import 'home/home_screen.dart';
import 'my_carrot/my_carrot_screen.dart';
import 'near_me/near_me_screen.dart';
import 'neighborhood_life/neighborhood_life_screen.dart';
```

◆ import 구문 확인

| TIP | MainScreens 위젯에서 import 구문 확인하기 |

다른 파일들에 있는 코드들을 현재 파일에서 사용하고 싶다면 import 구문을 작성하고 파일의 경로를 작성해 주면 됩니다. 하지만 매번 작성하게 된다면 번거로운 작업이 될 수 있습니다. IDE(개발 환경 도구)에 자동완성 기능을 이용해 import 구문을 완성하면 편리합니다.

```
import 'package:flutter/cupertino.dart';
import 'package:flutter/material.dart';
import 'chatting/chatting_screen.dart';
A⃰ Typo: Change to...                          ▶
A⃰ Save 'cupertino' to project-level dictionary ▶
≡ Add explicit 'show' combinator              ▶
≡ Convert to double quoted string              ▶  life_screen.dart';
≡ Convert to multiline string                  ▶
≡ Inject language or reference                 ▶  t {
```

◆ 경고 문구 없애기

TIP   cupertino 경고 문구 없애기

위 사진 cupertino.dart 문구 아래 경고 표시가 확인됩니다. 커서를 문구 가운데에 놔두면 왼쪽 상단에 표시되는 전구 모양을 눌러 주세요.
Save 'cupertino' to perject-level dictionary를 선택하면 'cupertino'에 대한 경고 표시가 사라지게 됩니다.

01 _ 3 홈 화면 만들기

해당 소스 코드는 https://github.com/flutter-coder/flutter-ui-book2/tree/master/carrot_market_ui/carrot_market_ui_03 에 공개되어 있습니다.
이번 장을 완료하면 아래와 같은 화면을 만들 수 있습니다.

◆ 홈 완성화면

스크롤 가능한 콘텐츠를 만드는 것은 UI 개발에 필수적인 부분입니다. 이 장에서는 스크롤 가능한 ListView.separated 위젯을 이용해서 스크롤 가능한 콘텐츠를 만들어봅시다.

◆ 홈 기본 코드 입력

HomeScreen 위젯은 부모 위젯 IndexedStack(메인화면) 위젯의 index 0번째 하위 항목입니다.
앱 뼈대 만들기에서 작업했던 lib / screens / home 폴더에 home_screen.dart 파일을 열고 코드를 입력해 봅시다.

```
class HomeScreen extends StatelessWidget {
  @override
  Widget build(BuildContext context) {
    // ❶
    return Scaffold(
      appBar: AppBar(
        title: Text('HomeScreen appBar 영역(index:0)'),
      ),
      // ❷
      body: Container(
        color: Colors.orange[100],
        child: Center(
          // ❸
          child: Text(
            'HomeScreen body 영역(index:0)',
            style: textTheme().headline2,
          ),
        ),
      ),
    );
  }
}
```

❶ appBar 와 body 영역을 나눌 수 있게 Scaffold 위젯을 사용합니다.

❷ 위젯의 영역을 표시하기 위해 Container 위젯의 color 속성을 사용합니다. 잠시 후에 스크롤이 가능한 위젯으로 교체할 예정입니다.

❸ theme.dart 파일에서 만들었던 textTheme 메서드를 사용해서 Text 스타일을 지정했습니다.

TIP

```
import 'package:carrot_market_ui/theme.dart';
import 'package:flutter/cupertino.dart';
import 'package:flutter/material.dart';
```

import 구문도 잊지 말고 완성해 주세요. 가능한 지면 활용과 편의상 import 구문을 표시하지 않습니다. 자동완성 기능을 사용해서 완성해 봅시다.

AppBar 만들기

◆ AppBar 위젯

이 프로젝트 앱에서 AppBar는 화면마다 각각 따로 만들어서 학습하겠습니다. Flutter의 AppBar 위젯을 만드는 방법에 익숙해져 봅시다.

lib / screens / home / home_screen.dart

```dart
class HomeScreen extends StatelessWidget {
  @override
  Widget build(BuildContext context) {
    return Scaffold(
      appBar: AppBar(
        // ❶
        title: Row(
          children: [
            const Text('좌동'),
            const SizedBox(width: 4.0),
            const Icon(
              CupertinoIcons.chevron_down,
              size: 15.0,
            ),
          ],
        ),
        // ❷
```

```
          actions: [
            IconButton(icon: const Icon(CupertinoIcons.search), onPressed: () {}),
            IconButton(
                icon: const Icon(CupertinoIcons.list_dash), onPressed: () {}),
            IconButton(icon: const Icon(CupertinoIcons.bell), onPressed: () {})
          ],
          // ❸
          bottom: const PreferredSize(
            preferredSize: Size.fromHeight(0.5),
            child: Divider(thickness: 0.5, height: 0.5, color: Colors.grey),
          ),
        ),
        // ❹
        body: Container(),
      );
    }
  }
}
```

❶ title 속성에 Text 위젯만이 아닌 여러 위젯을 활용해서 만들 수 있습니다.

❷ actions 속성은 title 위젯 다음 행에 표시할 위젯 목록입니다.

❸ AppBar 하단에 라인을 표시하기 위해 bottom 속성을 사용합니다.

❹ body 영역에 기본 코드로 입력했던 부분을 제거합니다.

TIP AppBar에 자동으로 스타일이 적용된 이유는?

lib / main.dart

```
//...생략
class CarrotMarketUI extends StatelessWidget {
  @override
  Widget build(BuildContext context) {
    return MaterialApp(
      title: 'carrot_market_ui',
      debugShowCheckedModeBanner: false,
      home: MainScreens(),
      // ❶
      theme: theme(),
    );
  }
}
```

❶ MaterialApp의 theme 속성에 우리가 만든 lib / theme.dart 파일의 theme() 메서드를 사용했기 때문입니다.

화면에 사용할 샘플 데이터 만들기

HomeScreen 위젯을 완성하기 위해서 우리는 Scaffold의 body에 사용자가 스크롤 할 수 있는 리스트가 필요합니다. 그러기 위해 ListView 위젯에 사용할 데이터를 만드는 방법부터 배워 봅시다.

❶ Product 모델 클래스 만들기

모든 기능을 갖춘 앱에서는 웹서버에서 JSON 기반 API를 호출하여 데이터를 로드 합니다. 그리고 JSON 기반의 문자열 데이터를 해당 언어의 오브젝트(클래스)로 변환하는데 이때 필요한 클래스를 모델 클래스라고 합니다.

> ❝ 데이터를 Object로 변환하는 과정을 JSON Parsing이라고 합니다. Parsing은 구문을 분석한다는 뜻입니다. 즉 JSON 데이터를 분석하여 Dart Object로 변환합니다. Dart Object로 변환하는 이유는 Dart 프로그래밍을 할 때 활용하기 편하기 때문입니다. JSON 은 단순 하나의 문자열이기 때문에 다루기가 불편하고 어렵습니다.

우리는 통신을 할 웹서버가 없기 때문에 임시 데이터를 만들어 학습합니다. Product 클래스를 만들어봅시다. lib / models 폴더에 product.dart 파일을 만들고 다음과 같이 코드를 입력해 주세요.

```
lib / models / product.dart

class Product {
  String title;
  String author;
  String address;
  String urlToImage;
  String publishedAt;
  String price;
  int heartCount;
  int commentsCount;

  Product({
    required this.title,
    required this.author,
    required this.address,
    required this.urlToImage,
    required this.publishedAt,
    required this.price,
    required this.heartCount,
    required this.commentsCount,
  });
}
```

❷ Product 모델 클래스 샘플 데이터 만들기

스크롤을 사용할 수 있을 만큼에 데이터가 필요합니다. 코드 양이 많다면 github에서 받은 소스코드에서 carrot_market_ui_03에 product.dart 파일의 코드를 복사해서 사용할 수 있습니다.

```
lib / models / product.dart
```

```dart
//...생략
// 샘플 데이터
List<Product> productList = [
  Product(
      title: '니트 조끼',
      author: 'author_1',
      urlToImage:
          'https://github.com/flutter-coder/ui_images/blob/master/carrot_product_7.jpg?raw=true',
      publishedAt: '2시간 전',
      heartCount: 8,
      price: '35000',
      address: '좌동',
      commentsCount: 3),
  Product(
      title: '먼나라 이웃나라 12',
      author: 'author_2',
      urlToImage:
          'https://github.com/flutter-coder/ui_images/blob/master/carrot_product_6.jpg?raw=true',
      publishedAt: '3시간 전',
      heartCount: 3,
      address: '중동',
      price: '18000',
      commentsCount: 1),
  Product(
    title: '캐나다구스 패딩조',
    author: 'author_3',
    address: '우동',
    urlToImage:
        'https://github.com/flutter-coder/ui_images/blob/master/carrot_product_5.jpg?raw=true',
    publishedAt: '1일 전',
    heartCount: 0,
    price: '15000',
    commentsCount: 12,
  ),
  Product(
    title: '유럽 여행',
    author: 'author_4',
    address: '우동',
    urlToImage:
        'https://github.com/flutter-coder/ui_images/blob/master/carrot_product_4.jpg?raw=true',
    publishedAt: '3일 전',
```

```
      heartCount: 4,
      price: '15000',
      commentsCount: 11,
    ),
    Product(
      title: '가죽 파우치 ',
      author: 'author_5',
      address: '우동',
      urlToImage:
          'https://github.com/flutter-coder/ui_images/blob/master/carrot_product_3.jpg?raw=true',
      publishedAt: '1주일 전',
      heartCount: 7,
      price: '95000',
      commentsCount: 4,
    ),
    Product(
      title: '노트북',
      author: 'author_6',
      address: '좌동',
      urlToImage:
          'https://github.com/flutter-coder/ui_images/blob/master/carrot_product_2.jpg?raw=true',
      publishedAt: '5일 전',
      heartCount: 4,
      price: '115000',
      commentsCount: 0,
    ),
    Product(
      title: '미개봉 아이패드',
      author: 'author_7',
      address: '좌동',
      urlToImage:
          'https://github.com/flutter-coder/ui_images/blob/master/carrot_product_1.jpg?raw=true',
      publishedAt: '5일 전',
      heartCount: 8,
      price: '85000',
      commentsCount: 3,
    ),
  ];
```

독립된 파일로 위젯 만들기

필요에 따라서 위젯을 별도에 파일로 만들어 둘 수 있습니다. 성능에 있어 고려할 사항도 있지만 유지 보수 및 가독성 있어 좋은 점이 많습니다. 우리가 만들 위젯을 별도에 파일로 만들어서 사용하는 연습을 해 봅시다.

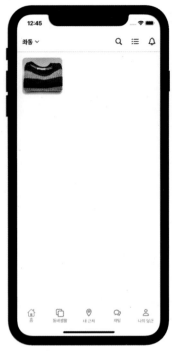

◆ ProductItem 위젯

❶ ProductItem 위젯 만들기

먼저 lib / screens / home 폴더에 components 폴더를 만들어 주세요. 그리고 components 폴더에 product_item.dart 파일을 생성하고 다음과 같이 코드를 작성해 주세요.

lib / screens / home / components / product_item.dart

```
class ProductItem extends StatelessWidget {
  // ❶
  final Product product;
  // ❷
  ProductItem({required this.product});

  @override
  Widget build(BuildContext context) {
    // ❸
    return Container(
      height: 135.0,
      padding: const EdgeInsets.all(16.0),
      child: Row(
        children: [
          // ❹
          ClipRRect(
            borderRadius: BorderRadius.circular(10.0),
            child: Image.network(
              product.urlToImage,
              width: 115,
```

```
            height: 115,
            fit: BoxFit.cover,
          ),
        ),
        const SizedBox(width: 16.0),
        // ❺
        // ProductDetail(product: product)
      ],
    ),
  );
  }
}
```

❶ 모델 클래스 Product 타입의 변수를 선언합니다.

❷ 생성자입니다. 이 위젯을 생성할 때 Product 타입의 객체를 사용한다고 명시합니다.

❸ ProductItem 위젯의 전체 세로 크기를 Container 위젯의 height 속성을 사용해서 명시합니다.

❹ 이미지의 모서리에 곡선 효과를 주기 위해 사용합니다.

❺ Row 위젯의 두 번째 항목이 될 위젯도 별도의 파일로 만들어서 사용합니다. 다음 차례에서 ProductDetail 위젯을 완성하고 주석을 풀어 주세요.

❷ ProductDetail 위젯 만들기

◆ ProductDetail 위젯

lib / screens / home / components 폴더에 product_detail.dart 파일을 생성하고 다음과 같이 코드를 입력해 주세요.

```dart
class ProductDetail extends StatelessWidget {
  final Product product;

  const ProductDetail({required this.product});

  @override
  Widget build(BuildContext context) {
    // ❶
    return Expanded(
      child: Column(
        crossAxisAlignment: CrossAxisAlignment.start,
        children: [
          Text(product.title, style: textTheme().bodyText1),
          const SizedBox(height: 4.0),
          Text('${product.address} • ${product.publishedAt}'),
          const SizedBox(height: 4.0),
          // ❷
          Text(
            '${numberFormat(product.price)}원',
            style: textTheme().headline2,
          ),
          const Spacer(),
          Row(
            mainAxisAlignment: MainAxisAlignment.end,
            children: [
              // ❸
              Visibility(
                visible: product.commentsCount > 0,
                child: _buildIcons(
                  product.commentsCount,
                  CupertinoIcons.chat_bubble_2,
                ),
              ),
              const SizedBox(width: 8.0),
              Visibility(
                visible: product.heartCount > 0,
                child: _buildIcons(
                  product.heartCount,
                  CupertinoIcons.heart,
                ),
              ),
            ],
          )
        ],
      ),
    );
  }
  // ❹
  String numberFormat(String price) {
```

```
    final formatter = NumberFormat('#,###');
    return formatter.format(int.parse(price));
  }
  // ❺
  Widget _buildIcons(int count, IconData iconData) {
    return Row(
      children: [
        Icon(iconData, size: 14.0),
        const SizedBox(width: 4.0),
        Text('$count'),
      ],
    );
  }
}
```

❶ Expanded의 부모 위젯은 ProductItem의 Row 위젯입니다. 가로 방향으로 최대 확장 가능한 넓이만큼 늘어납니다.

❷ numberFormat 함수를 사용해서 숫자에 콤마(,)를 추가하였습니다.

❸ 데이터 상태에 따라 위젯을 감추거나 보여줘야 할 때 활용할 수 있는 위젯입니다.

❹ pubspec.yaml 파일에서 추가한 intl: ^0.17.0 라이브러리를 사용해서 NumberFormat 기능을 만들어 줍니다.

❺ 반복적인 작업을 메서드화 시켰습니다.

> ❝ 잠시후 HomeScreen 위젯과 연결하면 화면에 위젯들이 표시 됩니다. 계속 진행해 주세요.

HomeScreen 위젯 완성하기

◆ 홈 body

```dart
class HomeScreen extends StatelessWidget {
  @override
  Widget build(BuildContext context) {
    return Scaffold(
      appBar: AppBar(
        title: Row(
          children: [
            const Text('좌동'),
            const SizedBox(width: 4.0),
            const Icon(
              CupertinoIcons.chevron_down,
              size: 15.0,
            ),
          ],
        ),
        actions: [
          IconButton(icon: const Icon(CupertinoIcons.search), onPressed: () {}),
          IconButton(
              icon: const Icon(CupertinoIcons.list_dash), onPressed: () {}),
          IconButton(icon: const Icon(CupertinoIcons.bell), onPressed: () {})
        ],
        bottom: const PreferredSize(
          preferredSize: Size.fromHeight(0.5),
          child: Divider(thickness: 0.5, height: 0.5, color: Colors.grey),
        ),
      ),
      // ❶
      body: ListView.separated(
        separatorBuilder: (context, index) => const Divider(
          height: 0,
          indent: 16,
          endIndent: 16,
          color: Colors.grey,
        ),
        itemBuilder: (context, index) {
          // ❷
          return ProductItem(
            product: productList[index],
          );
        },
        // ❸
        itemCount: productList.length,
      ), // end of ListView.separated
    );
  }
}
```

❶ 하단에 구분선이 있는 리스트 위젯을 만들 때 사용할 수 있는 위젯입니다. Divider 위젯의 indent, endIndent 속성을 이용해서 선의 시작과 끝을 설정할 수 있습니다.

❷ 독립된 파일로 분리한 ProductItem 위젯을 사용합니다. 오류 표시가 나온다면 product_item.dart 파일을 import 해주세요.

❸ 리스트에 표시할 데이터의 개수를 알려 줍니다.

lib / screens / main_screens.dart 파일의 BottomNavigationBar 위젯에 속성을 추가해 봅시다.

❶ 활성화된 아이콘의 색상을 정의합니다.

❷ 비활성화된 아이콘의 색상을 정의합니다.

```dart
bottomNavigationBar: BottomNavigationBar(
      backgroundColor: Colors.white,
      type: BottomNavigationBarType.fixed,
      currentIndex: _selectedIndex,
      // ❶
      selectedItemColor: Colors.black,
      // ❷
      unselectedItemColor: Colors.black54,
      onTap: (index) {
        setState(() {
          _selectedIndex = index;
        });
      },
      items: [
        //...생략
      ],
    ),
```

01 _ 4 나의 당근 화면 만들기

해당 소스 코드는 https://github.com/flutter-coder/flutter-ui-book2/tree/master/carrot_market_ui/carrot_market_ui_04 에 공개되어 있습니다.

이번 장을 완료하면 아래와 같은 화면을 만들 수 있습니다.

앱 프로파일 화면은 대부분의 앱에서 거의 필수적인 요소입니다. 이 장에서는 Card 위젯을 사용해 콘텐츠를 만들면서 학습해 보겠습니다.

◆ 나의 당근

❶ MyCarrotScreen 위젯 기본 코드 입력하기
❷ 나의당근 화면 Header 위젯 만들기
❸ 모델 클래스 만들기
❹ 하단 Card 메뉴 위젯 위젯 만들기
❺ MyCarrotScreen 위젯 완성하기

나의 당근 화면 기본 코드 입력하기

◆ 나의 당근 기본 화면

MyCarrotScreen 위젯은 부모 위젯 IndexedStack(메인화면) 위젯의 index 4번째 하위 항목입니다. IndexedStack 하위 항목을 만드는 순서는 학습에 있어 효율적인 차례로 진행하겠습니다. 앱 뼈대 만들기에서 작업했던 lib / screens / my_carrot 폴더에 my_carrot_screen.dart 파일을 열고 코드를 입력해 봅시다.

```
class MyCarrotScreen extends StatelessWidget {
  @override
  Widget build(BuildContext context) {
    return Scaffold(
      // ❶
      backgroundColor: Colors.grey[100],
      appBar: AppBar(
        title: const Text('나의 당근'),
        actions: [
          IconButton(icon: const Icon(Icons.settings), onPressed: () {}),
        ],
        bottom: const PreferredSize(
          preferredSize: Size.fromHeight(0.5),
          child: Divider(thickness: 0.5, height: 0.5, color: Colors.grey),
        ),
      ),
      body: ListView(
        children: [
          // ❷
          //MyCarrotHeader(),
          const SizedBox(height: 8.0),
          // ❸
          //CardIconMenu(iconMenuList: iconMenu1),
          const SizedBox(height: 8.0),
          // ❹
          //CardIconMenu(iconMenuList: iconMenu2),
          const SizedBox(height: 8.0),
          // ❺
          //CardIconMenu(iconMenuList: iconMenu3),
        ],
      ),
    );
  }
}
```

❶ Scaffold를 기본 배경색을 white로 지정했었습니다. 하지만 개별적으로 색상을 지정해서 사용할 수 있습니다.
❷ 나의 당근 화면 상단 부분을 별도의 파일로 분리해서 위젯을 만들겠습니다. 기본적인 위젯의 코드만 작성하고 주석을 풀어 실제 위젯을 보면서 작업해 주세요.
❸ ❹ ❺번과 함께 Card 위젯을 사용해서 화면 하단 부분을 별도의 파일로 분리해서 위젯을 만들겠습니다.

나의 당근 화면 Header 위젯 만들기

◆ 나의 당근 Header 위젯

lib / screens / my_carrot 폴더에 components 폴더를 생성하고 my_carrot_header.dart 파일을 만들어 주세요.

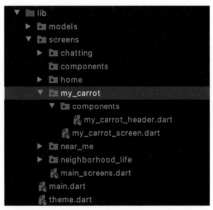

◆ 나의 당근 폴더 및 파일 생성

❶ MyCarrotHeader 기본 코드 만들기

◆ 기본 레이아웃 구성

단계를 나누어서 작업해 봅시다. 나의당근 화면 Header 위젯 만들기에서 위젯의 완성된 사진을 보고 대략적인 레이아웃 구조를 먼저 만들어봅시다.

```
ib / screens / my_carrot / components / my_carrot_header.dart
```

```dart
class MyCarrotHeader extends StatelessWidget {
  @override
  Widget build(BuildContext context) {
    // ❶
    return Card(
      elevation: 0.5,
      margin: EdgeInsets.zero,
      // ❷
      shape: RoundedRectangleBorder(borderRadius: BorderRadius.circular(0.0)),
      // ❸
      child: Padding(
        padding: const EdgeInsets.symmetric(vertical: 20, horizontal: 16),
        // ❹
        child: Column(
          children: [
            // ❺
            _buildProfileRow(),
```

```
                const SizedBox(height: 30),
                // ❻
                _buildProfileButton(),
                const SizedBox(height: 30),
                // ❼
                Row(
                  mainAxisAlignment: MainAxisAlignment.spaceEvenly,
                  children: [
                    _buildRoundTextButton('판매내역', FontAwesomeIcons.receipt),
                    _buildRoundTextButton('구매내역', FontAwesomeIcons.shoppingBag),
                    _buildRoundTextButton('관심목록', FontAwesomeIcons.heart),
                  ],
                )
              ],
            ),
          ),
        );
  }
  // ❺
  Widget _buildProfileRow() {
    return Container(color: Colors.redAccent[100], height: 60);
  }
  // ❻
  Widget _buildProfileButton() {
    return Container(color: Colors.blue[100], height: 45);
  }
  // ❼
  Widget _buildRoundTextButton(String title, IconData iconData) {
    return Container(color: Colors.orange[100], height: 60, width: 60);
  }
}
```

❶ Card 위젯은 입체감과 모서리에 곡선이 필요한 위젯을 만들 때 사용하는 위젯입니다. Card 위젯 자체에는 크기를 지정할 수 없고 부모 위젯의 제약과 자식 위젯의 크기에 따라 크기가 결정됩니다. Card 위젯은 기본적으로 margin을 가지고 있습니다. margin 값은 여기에서는 필요가 없기 때문에 EdgeInsets.zero를 설정해 줍니다.

❷ Card 위젯의 모서리 곡선을 없애기 위해 사용합니다.

❸ Card 위젯 세로와 가로의 패딩 값을 설정합니다.

❹ Card 위젯의 내부 콘텐츠의 레이아웃 구조를 Column으로 만들어 줍니다.

❺ Container로 레이아웃을 먼저 그려 줬습니다. 잠시 후에 Row 위젯 와 그 자식 위젯들로 교체합니다.

❻ 잠시 후에 InkWell 위젯으로 감싸고 위젯을 완성합니다.

❼ 잠시 후에 Column 위젯으로 교체 위젯들을 완성해 봅시다.

❷ _buildProfileRow 메서드 완성하기

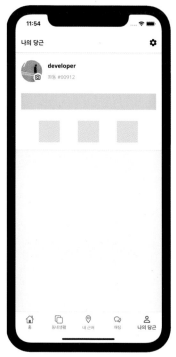

◆ _buildProfileRow 위젯

StatelessWidget 안에서 반복적인 작업이나 가독성을 위해 위젯을 메서드로 분리해서 사용할 수 있습니다. MyCarrotHeader 기본 코드 만들기 5번에서 정의했던 _buildProfileRow 메서드를 완성해 봅시다.

ib / screens / my_carrot / components / my_carrot_header.dart

```
//... 생략
  Widget _buildProfileRow() {
  return Row(
    children: [
      // ❶
      Stack(
        children: [
          SizedBox(
            width: 65,
            height: 65,
            child: ClipRRect(
              borderRadius: BorderRadius.circular(32.5),
              child: Image.network(
                'https://placeimg.com/200/100/people',
                fit: BoxFit.cover,
              ),
            ),
          ),
          Positioned(
            bottom: 0,
            right: 0,
```

```
          child: Container(
            width: 20,
            height: 20,
            decoration: BoxDecoration(
                borderRadius: BorderRadius.circular(15),
                color: Colors.grey[100]),
            child: Icon(
              Icons.camera_alt_outlined,
              size: 15,
            ),
          ),
        ),
      ),
    ],
  ),
  SizedBox(width: 16),
  Column(
    crossAxisAlignment: CrossAxisAlignment.start,
    children: [
      Text('developer', style: textTheme().headline2),
      SizedBox(height: 10),
      Text('좌동 #00912'),
    ],
  )
  ],
);
}
//...생략
```

❶ Stack 위젯과 Positioned 위젯을 활용해서 이미지 위에 다른 위젯을 쌓고 꾸며 줄 수 있습니다.

❸ _buildProfileButton 메서드 완성하기

◆ _buildProfileButton 위젯

50 모두가 할 수 있는 플러터 UI 실전

Flutter에서는 버튼 위젯을 다양하게 지원 하지만 Container와 BoxDecoration 위젯을 사용해서 우리가 원하는 모양의 버튼을 만들어 줄 수 있습니다. _buildProfileButton 메서드를 완성해 봅시다.

ib / screens / my_carrot / components / my_carrot_header.dart

```
Widget _buildProfileButton() {
  // ❶
  return InkWell(
    onTap: () {},
    child: Container(
      decoration: BoxDecoration(
        border: Border.all(
          color: Color(0xFFD4D5DD),
          width: 1.0,
        ),
        borderRadius: BorderRadius.circular(6.0),
      ),
      height: 45,
      child: Center(
        child: Text(
          '프로필기 보기',
          style: textTheme().subtitle1,
        ),
      ),
    ),
  );
}
```

❶ InkWell 위젯을 활용해서 onTap 기능을 만들어 줄 수 있습니다.

❹ _buildRoundTextButton 메서드 완성하기

◆ _buildRoundTextButton 위젯

```dart
  Widget _buildRoundTextButton(String title, IconData iconData) {
    return Column(
      children: [
        Container(
          width: 60,
          height: 60,
          decoration: BoxDecoration(
              borderRadius: BorderRadius.circular(30.0),
              color: Color.fromRGBO(255, 226, 208, 1),
              border: Border.all(color: Color(0xFFD4D5DD), width: 0.5)),
          child: Icon(
            iconData,
            color: Colors.orange,
          ),
        ),
        SizedBox(height: 10),
        Text(
          title,
          style: textTheme().subtitle1,
        )
      ],
    );
  }
```

모델 클래스 만들기

나의 당근 화면에서 사용할 샘플 데이터를 만들어 봅시다. lib / models 폴더에 icon_menu.dart 파일을 만들어 주세요.

```dart
class IconMenu {
  // ❶
  final String title;
  // ❷
  final IconData iconData;

  IconMenu({required this.title, required this.iconData});
}
// 화면에 사용할 데이터
final List<IconMenu> iconMenu1 = [
  IconMenu(title: '내 동네 설정', iconData: FontAwesomeIcons.mapMarkerAlt),
  IconMenu(title: '동네 인증하기', iconData: FontAwesomeIcons.compressArrowsAlt),
  IconMenu(title: '키워드 알림', iconData: FontAwesomeIcons.tag),
```

```
    IconMenu(title: '모아보기', iconData: FontAwesomeIcons.borderAll)
];

final List<IconMenu> iconMenu2 = [
    IconMenu(title: '동네생활 글', iconData: FontAwesomeIcons.edit),
    IconMenu(title: '동네생활 댓글', iconData: FontAwesomeIcons.commentDots),
    IconMenu(title: '동네생활 주제 목록', iconData: FontAwesomeIcons.star)
];

final List<IconMenu> iconMenu3 = [
    IconMenu(title: '비즈프로필 관리', iconData: FontAwesomeIcons.store),
    IconMenu(title: '지역광고', iconData: FontAwesomeIcons.bullhorn)
];
```

❶ 메뉴 위젯으로 만들 title로 사용합니다.
❷ 메뉴 위젯을 만들 Icon으로 사용합니다.

하단 Card 메뉴 위젯 만들기

◆ Card 메뉴 위젯

lib / screens / my_carrot / components 폴더에 card_icon_menu.dart 파일을 만들어 주세요.

```dart
class CardIconMenu extends StatelessWidget {
  // ❶
  final List<IconMenu> iconMenuList;

  CardIconMenu({required this.iconMenuList});

  @override
  Widget build(BuildContext context) {
    // ❷
    return Card(
      elevation: 0.5,
      margin: EdgeInsets.zero,
      shape: RoundedRectangleBorder(borderRadius: BorderRadius.circular(0.0)),
      child: Padding(
        padding: const EdgeInsets.all(16.0),
        child: Column(
          // ❸
          children: List.generate(
            iconMenuList.length,
            (index) => _buildRowIconItem(
                iconMenuList[index].title, iconMenuList[index].iconData),
          ),
        ),
      ),
    );
  }

  Widget _buildRowIconItem(String title, IconData iconData) {
    return Container(
      height: 50,
      child: Row(
        children: [
          Icon(iconData, size: 17),
          const SizedBox(width: 20),
          Text(title, style: textTheme().subtitle1)
        ],
      ),
    );
  }
}
```

❶ List<IconMenu> 타입을 가진 멤버 변수에 선언합니다.

❷ Card 위젯을 활용하고 둥근 모서리 효과를 없애 줍니다.

❸ List.generate()는 리스트를 만들어 주는 생성자입니다. length의 길이만큼 0부터 index −1까지 범위의 각 인덱스를 오름차순으로 호출하여 만든 값으로 리스트 생성합니다. 멤버 변수 iconMenuList에 들어오는 값으로 _buildRowIconItem 메서드를 호출시켜 위젯을 만들어 줍니다.

MyCarrotScreen 위젯 완성하기

◆ MyCarrotScreen 위젯

my_carrot_screen.dart 파일을 열고 주석 해제 후 import 구문도 완성해 주세요.

lib / screens / my_carrot / my_carrot_screen.dart

```
class MyCarrotScreen extends StatelessWidget {
  @override
  Widget build(BuildContext context) {
    return Scaffold(
      backgroundColor: Colors.grey[100],
      appBar: AppBar(
        title: const Text('나의 당근'),
        actions: [
          IconButton(icon: const Icon(Icons.settings), onPressed: () {}),
        ],
        bottom: const PreferredSize(
          preferredSize: Size.fromHeight(0.5),
          child: Divider(thickness: 0.5, height: 0.5, color: Colors.grey),
        ),
      ),
      body: ListView(
        children: [
          MyCarrotHeader(),
          const SizedBox(height: 8.0),
          // ❶
          CardIconMenu(iconMenuList: iconMenu1),
```

```
            const SizedBox(height: 8.0),
            // ❷
            CardIconMenu(iconMenuList: iconMenu2),
            const SizedBox(height: 8.0),
            // ❸
            CardIconMenu(iconMenuList: iconMenu3),
          ],
        ),
      );
    }
  }
```

❶ 우리가 만든 CardIconMenu 위젯을 사용합니다. 모델 클래스 만들에서 작업했던 List⟨IconMenu⟩ 타입의 iconMenu1로
선언한 리스트 데이터를 넣어 주세요.
❷ List⟨IconMenu⟩ 타입의 iconMenu2로 선언한 리스트 데이터를 넣어 줍니다.
❸ List⟨IconMenu⟩ 타입의 iconMenu3로 선언한 리스트 데이터를 넣어 줍니다.

01 _ 5 채팅화면 만들기

해당 소스 코드는 https://github.com/flutter-coder/flutter-ui-book2/tree/master/carrot_
market_ui/carrot_market_ui_05 에 공개되어 있습니다.
이번 장을 완료하면 아래와 같은 화면을 만들 수 있습니다.

◆ 채팅화면

❶ 모델 클래스 및 샘플 데이터 만들기
❷ 재사용 위젯 만들기
❸ CarttingScreen 위젯 기본 코드 입력하기
❹ ChatContainer 위젯 만들기
❺ CarttingScreen 위젯 완성하기

모델 클래스 및 샘플 데이터 만들기

`lib / models / chat_message.dart`

```dart
class ChatMessage {
  final String sender;
  final String profileImage;
  final String location;
  final String sendDate;
  final String message;
  final String? imageUri;

  ChatMessage({
    required this.sender,
    required this.profileImage,
    required this.location,
    required this.sendDate,
    required this.message,
    this.imageUri,
  });
}
// 샘플 데이터
List<ChatMessage> chatMessageList = [
  ChatMessage(
    sender: '당근이, ',
    profileImage: 'https://placeimg.com/200/100/people/grayscale',
    location: '대부동',
    sendDate: '1일전',
    message: 'developer 님,근처에 다양한 물품들이 아주 많이있습니다.',
  ),
  ChatMessage(
    sender: 'Flutter ',
    profileImage: 'https://placeimg.com/200/100/people',
    location: '중동',
    sendDate: '2일전',
    message: '안녕하세요 지금 다 예약 상태 인가요?',
    imageUri: 'https://placeimg.com/200/100/tech/grayscale')
];
```

재사용 위젯 만들기

앱 뼈대 만들기에서 lib / screens / components 폴더를 만들었습니다. 이 폴더에는 하나의 화면에서만 사용하는 위젯이 아닌 여러 화면에서 사용하는 위젯들을 관리하는 폴더입니다. 여기서는 두 개의 재사용 가능한 위젯을 만들어보고 사용해 봅시다.

먼저 lib / screens / components 폴더에 appbar_prefreed_size.dart 파일과 image_container. dart 파일을 만들어 주세요.

◆ 폴더 및 파일 만들기

❶ appBarBottomLine 메서드 만들기

우리는 반복적으로 사용할 수 있는 위젯들은 StatelessWidget 또는 StatefulWidget을 상속받은 class로 만들어 별도의 파일로 만드는 방법을 배웠습니다. 하지만 꼭 Class 위젯으로 만들지 않고 별도의 파일에 전역 메서드를 만들어서 사용할 수 있습니다.

이번 앱 예제에서는 각각의 화면마다 Appbar의 bottom 속성을 사용해 구분선을 만들어 주고 있습니다. 반복적인 작업이니 이 부분도 별도에 파일로 만들어서 사용해 봅시다. appbar_preferred_size.dart 파일 열고 다음과 같이 작업해 봅시다.

lib / screens / components / appbar_preferred_size.dart

```dart
import 'package:flutter/material.dart';

PreferredSize appBarBottomLine() {
  var height = 0.5;
  // ❶
  return PreferredSize(
    preferredSize: Size.fromHeight(height),
    child: Divider(
      thickness: height,
      height: height,
```

```
      color: Colors.grey,
    ),
  );
}
```

❶ Appbar의 bottom 속성에는 PreferredSize 위젯을 사용해야 합니다. PreferredSize 위젯은 자식 위젯에게 어떤 제약도 부과하지 않고 부모 위젯에게 공간을 차지하는 크기만을 알려주는 위젯입니다.

❷ ImageContainer 위젯 만들기

이미지를 그려주는 위젯도 별로의 파일로 분리해서 만들어봅시다. image_container.dart 파일을 만들고 다음과 같이 코딩해 주세요.

lib / screens / components / image_container.dart

```
import 'package:flutter/material.dart';

class ImageContainer extends StatelessWidget {
  final double borderRadius;
  final String imageUrl;
  final double width;
  final double height;

  const ImageContainer({
    Key? key,
    required this.borderRadius,
    required this.imageUrl,
    required this.width,
    required this.height,
  }) : super(key: key);

  @override
  Widget build(BuildContext context) {
    return ClipRRect(
      borderRadius: BorderRadius.circular(borderRadius),
      child: Image.network(
        imageUrl,
        width: width,
        height: height,
        fit: BoxFit.cover,
      ),
    );
  }
}
```

CarttingScreen 위젯 기본 코드 입력하기

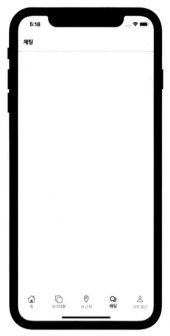

◆ 채팅 기본 화면

lib / screens / chatting / chatting_screen.dart

```dart
class ChattingScreen extends StatelessWidget {
  @override
  Widget build(BuildContext context) {
    return Scaffold(
      appBar: AppBar(
        title: Text('채팅'),
        // ❶
        bottom: appBarBottomLine(),
      ),
      // ❷
      body: ListView(
        children: List.generate(
          chatMessageList.length,
          // ❸
          (index) => Container(),
        ),
      ),
    );
  }
}
```

❶ Appbar의 bottom 속성에 우리가 만든 appBarBottomLine 메서드를 사용합니다.

❷ 앞서 홈 화면 만들기에서 ListView.separated 위젯을 사용해서 리스트 항목을 만들고 하단에 Divider 위젯을 활용해서 구분선을 만드는 방법을 배웠습니다. 이번에는 ListView 위젯을 사용해서 만드는 방법을 배워 보겠습니다.

❸ Container 위젯은 잠시 후에 다른 위젯으로 교체될 예정입니다.

ChatContainer 위젯 만들기

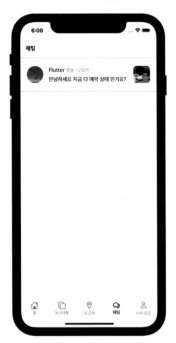

◆ ChatContainer 위젯

lib / screens / chatting에 components 폴더를 생성하고 chat_container.dart 파일을 만들어 주세요. 재사용 위젯 만들기에서 작업했던 ImageConatiner 위젯도 활용해 봅시다.

lib / screens / chatting / components / chat_container.dart

```dart
class ChatContainer extends StatelessWidget {
  const ChatContainer({
    Key? key,
    required this.chatMessage,
  }) : super(key: key);
  // ❶
  final ChatMessage chatMessage;

  @override
  Widget build(BuildContext context) {
    return Container(
      // ❷
      decoration: const BoxDecoration(
        border: Border(bottom: BorderSide(color: Colors.grey, width: 0.5)),
      ),
      height: 100,
      child: Padding(
        padding: const EdgeInsets.all(20),
```

```dart
          child: Row(
            children: [
              // ❸
              ImageContainer(
                width: 50,
                height: 50,
                borderRadius: 25,
                imageUrl: chatMessage.profileImage,
              ),
              const SizedBox(width: 16),
              Expanded(
                child: Column(
                  crossAxisAlignment: CrossAxisAlignment.start,
                  children: [
                    const Spacer(),
                    // ❹
                    Text.rich(
                      TextSpan(children: [
                        TextSpan(
                            text: chatMessage.sender,
                            style: textTheme().bodyText1),
                        TextSpan(text: chatMessage.location),
                        TextSpan(text: ' · ${chatMessage.sendDate}'),
                      ]),
                    ),
                    const Spacer(),
                    Text(
                      chatMessage.message,
                      style: textTheme().bodyText1,
                      overflow: TextOverflow.ellipsis,
                    ),
                    const Spacer(),
                  ],
                ),
              ),
              Visibility(
                // ❺
                visible: chatMessage.imageUri != null,
                child: Padding(
                  padding: const EdgeInsets.only(left: 8.0),
                  child: ClipRRect(
                    borderRadius: BorderRadius.circular(10),
                    child: ImageContainer(
                      width: 50,
                      height: 50,
                      borderRadius: 8,
```

```
                       imageUrl: chatMessage.imageUri ?? '',
                   ),
                 ),
               ),
             )
           ],
         ),
       ),
     );
   }
 }
```

❶ ChatContainer 위젯을 생성할 때 우리가 만든 모델 클래스 ChatMessage 객체를 넘겨받습니다.

❷ Container의 하단 부분에 decoraion 속성을 사용해서 구분 선을 만들어 줄 수 있습니다. 부모 위젯에서 ListView. separated 위젯을 사용해서 만들 수 있지만 다양한 방법을 학습해 보는 게 좋습니다.

❸ 재사용 위젯 만들기에서 작업했던 ImageContainer 위젯을 사용합니다.

❹ Text.rich 위젯은 문단 단위로 텍스트를 꾸며 줄 수 있습니다.

❺ Visibility 위젯을 활용해 chatMessage.imageUri가 null 아닐 경우 위젯을 보여줍니다.

CarttingScreen 위젯 완성하기

lib / screens / chatting / chatting_screen.dart

```
class ChattingScreen extends StatelessWidget {
  @override
  Widget build(BuildContext context) {
    return Scaffold(
      appBar: AppBar(
        title: Text('채팅'),
        bottom: appBarBottomLine(),
      ),
      body: ListView(
        children: List.generate(
          chatMessageList.length,
          // ❶
          (index) => ChatContainer(chatMessage: chatMessageList[index]),
        ),
      ),
    );
  }
}
```

❶ lib / models / chat_message.dart 파일에서 만든 데이터와 ChatContainer을 사용해서 위젯을 완성합니다.

01 _ 6 동네생활 화면 만들기

해당 소스 코드는 https://github.com/flutter-coder/flutter-ui-book2/tree/master/carrot_market_ui/carrot_market_ui_06 에 공개되어 있습니다.

이번 장을 완료하면 만들 수 있는 화면입니다.

◆ 동네생활 화면

이번 장에서는 스프레드 연산자(spread operator)와 List.generate 생성자를 활용해서 위젯을 만드는 방법을 배워 보겠습니다.

> ### 작업 순서
>
> ❶ 모델 클래스 및 샘플 데이터 만들기
> ❷ NeighborhoodLifeScreen 기본 코드 입력하기
> ❸ Header 위젯 만들기
> ❹ Body 위젯 만들기
> ❺ NeighborhoodLifeScreen 위젯 완성하기

모델 클래스 및 샘플 데이터 만들기

동네생활 화면에 사용할 모델 클래스를 만들어 봅시다.

lib / models 폴더에 neighborhood_life.dart 파일을 만들어 주세요.

❶ 모델 클래스 만들기

lib / models / neighborhood_life.dart

```
class NeighborhoodLife {
  final String category;
  final String profileImgUri;
  final String userName;
  final String location;
  final String content;
  final String contentImgUri;
  final int commentCount;
  final int authCount;
  final String date;

  NeighborhoodLife({
    required this.category,
    required this.profileImgUri,
    required this.userName,
    required this.location,
    required this.content,
    required this.contentImgUri,
    required this.commentCount,
    required this.authCount,
    required this.date,
  });
}
```

❷ 샘플 데이터 만들기

github에서 받은 소스 코드에서 carrot_market_ui_06에 neighborhood_life.dart 파일의 코드를 복사해서 사용해도 됩니다.

```
//... 생략
// 샘플 데이터 1
String lifeTitle = '이웃과 함께 만드는 봄 간식 지도 마음까지 따듯해지는 봄 간식을 만나보세요.';

// 샘플 데이터 2
List<NeighborhoodLife> neighborhoodLifeList = [
  NeighborhoodLife(
    category: '우리동네질문',
    profileImgUri: 'https://placeimg.com/200/100/people/grayscale',
    userName: '헬로비비',
    location: '좌동',
    content: '예민한 개도 미용할 수 있는 곳이나 동물 병원 어디 있을까요?\n'
        '내일 유기견을 데려오기로 했는데 아직 성향을 잘 몰라서 걱정이 돼요 ㅜㅜ.',
    contentImgUri: 'https://placeimg.com/200/100/tech/grayscale',
    commentCount: 11,
    authCount: 3,
    date: '3시간전',
  ),
  NeighborhoodLife(
    category: '우리동네소식',
    profileImgUri: 'https://placeimg.com/200/100/people',
    userName: '당근토끼',
    location: '우동',
    content: '이명 치료 잘 아시는 분 있나요?',
    contentImgUri: 'https://placeimg.com/200/100/animal/grayscale',
    commentCount: 2,
    authCount: 1,
    date: '1일전',
  ),
  NeighborhoodLife(
    category: '분실',
    profileImgUri: 'https://placeimg.com/200/100/nature/grayscale',
    userName: 'flutter',
    location: '중동',
    content: '롯데 3차 니나도 롯데캐슬 방향으로 재래시장 앞쪽 지나 혹시 에어팟 오른쪽 주우신 분 있나요ㅜㅜ',
    contentImgUri: '',
    commentCount: 11,
    authCount: 8,
    date: '1일전',
  ),
  NeighborhoodLife(
    category: '우리동네질문',
    profileImgUri: 'https://placeimg.com/200/100/any',
    userName: '구름나드리',
```

```
      location: '우동',
      content: '밤부터 새벽까지 하던 토스트 아저씨 언제 다시 오나요ㅜㅠ',
      contentImgUri: '',
      commentCount: 0,
      authCount: 7,
      date: '3일전',
    ),
    NeighborhoodLife(
      category: '우리동네질문',
      profileImgUri: 'https://placeimg.com/200/100/people/grayscale',
      userName: '아는형',
      location: '만덕동',
      content: '아니 이 시간에 마이크 들고 노래하는 사람은 정상인가요?',
      contentImgUri: 'https://placeimg.com/200/100/tech',
      commentCount: 11,
      authCount: 2,
      date: '5일전',
    ),
  ];
```

NeighborhoodLifeScreen 위젯 기본 코드 입력하기

◆ 동네생활 기본 화면

앱 뼈대 만들기에서 작업했던 neighborhood_life_screen.dart 파일을 열고 기본 코드를 입력해 봅시다.

```dart
class NeighborhoodLifeScreen extends StatelessWidget {
  @override
  Widget build(BuildContext context) {
    return Scaffold(
      backgroundColor: Colors.grey[100],
      appBar: AppBar(
        title: Text('동네생활'),
        actions: [
          IconButton(icon: Icon(CupertinoIcons.search), onPressed: () {}),
          IconButton(
              icon: Icon(CupertinoIcons.plus_rectangle_on_rectangle),
              onPressed: () {}),
          IconButton(icon: Icon(CupertinoIcons.bell), onPressed: () {}),
        ],
        bottom: appBarBottomLine(),
      ),
      body: ListView(
        children: [
          // ❶
          // LifeHeader(),
          // ❷
          // Padding(
          //   padding: const EdgeInsets.only(bottom: 12.0),
          //   child: LifeBody(
          //     neighborhoodLife: neighborhoodLifeList[0],
          //   ),
          // )
        ],
      ),
    );
  }
}
```

❶ 잠시 후에 상단 부분 LifeHeader 위젯을 만들어 봅니다. 기본 코드 작성 후 주석을 해제할 예정입니다.
❷ 잠시 후에 만들 LifeBody 위젯입니다. 기본 코드 작성 후 주석을 해제할 예정입니다.

LifeHeader 위젯 만들기

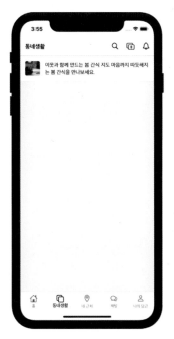

◆ LifeHeader 위젯

동네생활 상단 부분 위젯을 만들어봅시다. 먼저 lib / screens / neighborhood_life에 components 폴더를 생성하고 life_header.dart 파일을 만들어 주세요.

lib / screens / neighborhood_life / components / life_header.dart

```dart
class LifeHeader extends StatelessWidget {
  @override
  Widget build(BuildContext context) {
    return Card(
      margin: EdgeInsets.only(bottom: 12.0),
      elevation: 0.5,
      // ❶
      shape: RoundedRectangleBorder(borderRadius: BorderRadius.circular(0.0)),
      child: Padding(
        padding: const EdgeInsets.all(16.0),
        child: Row(
          children: [
            // ❷
            ImageContainer(
                borderRadius: 6.0,
                imageUrl: 'https://placeimg.com/200/100/any',
                width: 45.0,
                height: 45.0),
```

```
              const SizedBox(width: 16.0),
              // ❸
              Expanded(
                child: Text(
                  lifeTitle,
                  style: textTheme().bodyText1,
                  maxLines: 2,
                  overflow: TextOverflow.ellipsis,
                ),
              )
            ],
          ),
        ),
      );
    }
  }
```

❶ Card 위젯을 활용해서 만들고 하단에 둥근 모서리 효과를 제거합니다.

❷ 재사용 위젯으로 만들었던 ImageContainer 위젯을 활용합니다.

❸ 부모 위젯인 Row 위젯의 ImageContainer 위젯을 제외한 남는 공간을 확장합니다. NeighborhoodLifeScreen 위젯 기본 코드 입력하기 예제에서 // ❶ 주석을 풀고 life_header.dart 파일을 import 해주세요.

LifeBody 위젯 만들기

◆ LifeBody위젯

동네생활 중간 부분의 위젯을 만들어 봅시다. components 폴더에 life_body.dart 파일을 만들어 주세요.

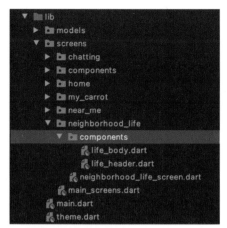

◆ 동네생활 폴더 및 파일

❶ LifeBody 기본 코드 만들기

◆ LifeBody 기본 위젯

위젯 구조가 조금 복잡할 수 있습니다. 전체적인 레이아웃 먼저 그려주고 작업을 진행하겠습니다.

```dart
class LifeBody extends StatelessWidget {
  // ❶
  final NeighborhoodLife neighborhoodLife;

  const LifeBody({Key? key, required this.neighborhoodLife}) : super(key: key);

  @override
  Widget build(BuildContext context) {
    return Container(
      decoration: BoxDecoration(
        color: Colors.white,
        // ❷
        border: Border(
          bottom: BorderSide(width: 0.5, color: Color(0xFFD4D5DD)),
        ),
      ),
      child: Column(
        children: [
          _buildTop(),
          _buildWriter(),
          _buildWriting(),
          _buildImage(),
          // ❸
          Divider(
            height: 1,
            thickness: 1,
            color: Colors.grey[300],
          ),
          // ❹
          _buildTail(neighborhoodLife.commentCount)
        ],
      ),
    );
  }

  Padding _buildTop() {
    return Padding(
      padding: const EdgeInsets.symmetric(
        vertical: 16,
        horizontal: 16,
      ),
      child: Container(color: Colors.orange[100], height: 30),
    );
  }

  Padding _buildWriter() {
    return Padding(
      padding: const EdgeInsets.symmetric(horizontal: 16),
      child: Container(color: Colors.red[100], height: 30),
    );
  }
```

```
  Padding _buildWriting() {
    return Padding(
      padding: const EdgeInsets.symmetric(horizontal: 16, vertical: 16),
      child: Container(color: Colors.blue[100], height: 50),
    );
  }

  _buildImage() {
    return Padding(
      padding: const EdgeInsets.only(left: 16, right: 16, bottom: 16),
      child: Container(color: Colors.black, height: 150),
    );
  }

  Padding _buildTail(int commentCount) {
    return Padding(
      padding: const EdgeInsets.all(16),
      child: Container(color: Colors.lime[100], height: 50),
    );
  }
}
```

❶ lib / models / neighborhood_life.dart 파일에 만든 NeighborhoodLife 클래스를 선언합니다.
❷ LifeBody 위젯의 최상위 위젯은 Container 위젯으로 하고 하단에 border 속성을 사용하여 구분선을 그려줍니다.
❸ Divider 위젯에 양쪽 끝에 패딩을 주지 않습니다.
❹ NeighborhoodLife 객체에 넘겨받는 commentCount 값을 메서드 인자 값으로 넣어 줍니다. 잠시 후에 사용하게 됩니다.
  NeighborhoodLifeScreen 위젯 기본 코드 입력하기 예제에서 // 2 주석을 풀고 life_body.dart 파일을 import 해주세요.

❷ _buildTop 위젯 만들기

◆ _buildTop 위젯

_buildTop 메서드를 다음과 같이 수정해 주세요.

```
Padding _buildTop() {
    return Padding(
      padding: const EdgeInsets.symmetric(
        vertical: 16,
        horizontal: 16,
      ),
      child: Row(
        // ❶
        mainAxisAlignment: MainAxisAlignment.spaceBetween,
        children: [
          Container(
            padding: EdgeInsets.all(4),
            decoration: BoxDecoration(
              // ❷
              shape: BoxShape.rectangle,
              borderRadius: BorderRadius.all(Radius.circular(4)),
              color: Color.fromRGBO(247, 247, 247, 1),
            ),
            child:
                Text(neighborhoodLife.category, style: textTheme().bodyText2),
          ),
          Text(
            neighborhoodLife.date,
            style: textTheme().bodyText2,
          ),
        ],
      ),
    );
}
```

❶ 자식 위젯을 시작과 끝에 배치합니다. 시작과 끝 사이의 위젯의 나머지 공간은 모두 균일하게 배분합니다.
❷ Box의 모양을 직사각형으로 만들어 줍니다.

❸ _buildWriter 위젯 만들기

◆ _buildWriter 위젯

_buildWriter 메서드를 다음과 같이 수정해 주세요.

lib / screens / neighborhood_life / components / life_body.dart

```
Padding _buildWriter() {
  return Padding(
    padding: const EdgeInsets.symmetric(horizontal: 16),
    child: Row(
      children: [
        ImageContainer(
          width: 30,
          height: 30,
          borderRadius: 15,
          imageUrl: neighborhoodLife.profileImgUri,
        ),
        Text.rich(
          TextSpan(
            children: [
              TextSpan(
                  text: ' ${neighborhoodLife.userName}',
                  style: textTheme().bodyText1),
              // ❶
              TextSpan(text: ' ${neighborhoodLife.location}'),
              TextSpan(text: ' 인증 ${neighborhoodLife.authCount}회')
```

```
          ],
        ),
      )
    ],
  ),
 );
}
```

❶ theme.dart 파일에서 bodyText2 속성의 값을 GoogleFonts.openSans(fontSize: 14.0, color: Colors.grey)로 지정했기 때문에 따로 값을 사용하지 않아도 됩니다.

❹ _buildWriting 위젯 만들기

◆ _buildWriter 위젯

_buildWriting 메서드를 다음과 같이 수정해주세요.

lib / screens / neighborhood_life / components / life_body.dart

```
Padding _buildWriting() {
  return Padding(
    padding: const EdgeInsets.symmetric(horizontal: 16, vertical: 16),
    // ❶
    child: Align(
      alignment: Alignment.centerLeft,
      child: Text(
        neighborhoodLife.content,
        style: textTheme().bodyText1,
```

```
        maxLines: 3,
        overflow: TextOverflow.ellipsis,
        textAlign: TextAlign.start,
      ),
    ),
  );
}
```

❶ Text 위젯을 centerLeft로 정렬하기 위해 사용합니다.

❺ _buildImage 위젯 만들기

◆ _buildImage 위젯

_buildImage 메서드를 다음과 같이 수정해주세요.

lib / screens / neighborhood_life / components / life_body.dart

```
Visibility _buildImage() {
  return Visibility(
    // ❶
    visible: neighborhoodLife.contentImgUri != '',
    child: Padding(
      padding: EdgeInsets.only(left: 16, right: 16, bottom: 16),
      child: Image.network(
        neighborhoodLife.contentImgUri,
        height: 200,
```

```
      width: double.infinity,
      fit: BoxFit.cover,
    ),
  ),
);
}
```

❶ 넘겨받는 객체(NeighborhoodLife)에 contentImagUri에 값이 있다면 위젯을 표시합니다.

❻ _buildTail 위젯 만들기

◆ _buildTail 위젯

_buildTail() 메서드를 다음과 같이 수정해주세요.

lib / screens / neighborhood_life / components / life_body.dart

```
Padding _buildTail(int commentCount) {
  return Padding(
    padding: const EdgeInsets.all(16),
    child: Row(
      children: [
        Icon(
          FontAwesomeIcons.smile,
          color: Colors.grey,
          size: 22,
        ),
```

```
        SizedBox(width: 8),
        Text(
          '공감하기',
          style: TextStyle(fontSize: 16, color: Colors.black),
        ),
        SizedBox(width: 22),
        Icon(
          FontAwesomeIcons.commentAlt,
          color: Colors.grey,
          size: 22,
        ),
        SizedBox(width: 8),
        Text(
          "${"댓글쓰기"} $commentCount",
          style: TextStyle(fontSize: 16, color: Colors.black),
        ),
      ],
    ),
  );
}
```

NeighborhoodLifeScreen 위젯 완성하기

◆ 동네생활 위젯 완성

ListView 위젯 안에 스프레드 연산자와 Name 생성자(이름을 지정해준 생성자)를 사용해서 우리가 만든 LifeBody 위젯을 사용해 봅시다. neighborhood_life_screens.dart 파일을 열고 다음과 같이 코드를 수정해주세요.

lib / screens / neighborhood_life / neighborhood_life_screen.dart

```dart
class NeighborhoodLifeScreen extends StatelessWidget {
  @override
  Widget build(BuildContext context) {
    return Scaffold(
      backgroundColor: Colors.grey[100],
      appBar: AppBar(
        title: Text('동네생활'),
        actions: [
          IconButton(icon: Icon(CupertinoIcons.search), onPressed: () {}),
          IconButton(
              icon: Icon(CupertinoIcons.plus_rectangle_on_rectangle),
              onPressed: () {}),
          IconButton(icon: Icon(CupertinoIcons.bell), onPressed: () {}),
        ],
        bottom: appBarBottomLine(),
      ),
      body: ListView(
        children: [
          LifeHeader(),
          // ❶
          ...List.generate(
            neighborhoodLifeList.length,
            (index) => Padding(
              padding: const EdgeInsets.only(bottom: 8.0),
              child: LifeBody(
                neighborhoodLife: neighborhoodLifeList[index],
              ),
            ),
          )
        ],
      ),
    );
  }
}
```

❶ List.generate 생성자는 neighborhoodLifeList.length 길이만큼 반복문을 돌면서 데이터의 집합(Collection) 중 하나인 List(데이터의 순서가 있고 중복 허용) 형의 자료구조를 생성합니다. 즉 LifeBody 자식 위젯을 가지는 Padding 위젯을 List(자료구조)로 만들어 줍니다. 그리고 우리는 스프레드 연산자를 사용해서 만들어진 위젯을 하나씩 꺼내면서 List를 흩뿌려줍니다.

01 _ 7 내 근처 화면 만들기

해당 소스 코드는 https://github.com/flutter-coder/flutter-ui-book2/tree/master/carrot_market_ui/carrot_market_ui_07 에 공개되어 있습니다.

◆ 내 근처 화면

이번 프로젝트 앱의 마지막 화면입니다. 이번 장에서는 TextField 위젯을 만드는 방법을 알아보고 Wrap 위젯과 수평 방향으로 스크롤 되는 위젯을 사용해서 콘텐츠를 만들어봅시다.

> **작업 순서**
>
> ❶ 모델 클래스 및 샘플 데이터 만들기
> ❷ NearMeScreen 위젯 기본 코드 입력하기
> ❸ TextFileld 위젯 만들기
> ❹ 수평 방향으로 스크롤 되는 위젯 만들기
> ❺ Wrap 위젯 사용해 보기
> ❻ StoreItem 위젯 만들기
> ❼ NearMeScreen 위젯 완성하기

모델 클래스 및 샘플 데이터 만들기

내 근처 화면에 사용할 모델 클래스와 샘플 데이터들을 만들어 봅시다. lib / models 폴더에 recommend_store.dart 파일을 만들어 주세요.

❶ 모델 클래스 만들기

```
lib / models / recommend_store.dart

class RecommendStore {
  String storeName;
  String location;
  String description;
  int commentCount;
  int likeCount;
  String comment;
  String commentUser;
  List storeImages;

  RecommendStore({
    required this.storeName,
    required this.location,
    required this.description,
    required this.commentCount,
    required this.likeCount,
    required this.comment,
    required this.commentUser,
    required this.storeImages,
  });
}
```

❷ 샘플 데이터 만들기

github에서 받은 소스코드에서 carrot_market_ui_07에 recommend_store.dart 파일의 코드를 복사해서 사용할 수 있습니다.

```
lib / models / recommend_store.dart

//... 생략
// 샘플데이터
final List searchKeyword = ['인테리어', '학원', '이사', '카페', '용달', '네일', '에어콘'];
// 샘플데이터
List<RecommendStore> recommendStoreList = [
  RecommendStore(
```

```
      storeName: '네일가게',
      location: '좌동',
      description: '꼼꼼한시술로 유지력높은 네일샵입니다. 좌동에 위치하고 있습니다.',
      commentCount: 1,
      likeCount: 8,
      commentUser: '이엘리아님',
      comment: '너무편하게 시술해주셔서 잠들었었네요 직모에 짧은 눈썹이라 펌이 잘 안되는 타입인데 너
무 이쁘게 됐네요',
      storeImages: [
        'https://github.com/flutter-coder/ui_images/blob/master/carrot_store_1_1.jpg?raw=true',
        'https://github.com/flutter-coder/ui_images/blob/master/carrot_store_1_2.jpg?raw=true',
      ]),
  RecommendStore(
      storeName: '아미아미주먹밥',
      location: '우동',
      description: '2012년 오픈한 해운대도서관 분관쪽에 위치하고 있습니다.',
      commentCount: 2,
      likeCount: 2,
      commentUser: '둘리님',
      comment: '도서관이 근처라 시험기간마다 이용하는데 너무 좋습니다.',
      storeImages: [
        'https://github.com/flutter-coder/ui_images/blob/master/carrot_store_2_1.jpg?raw=true',
        'https://github.com/flutter-coder/ui_images/blob/master/carrot_store_2_2.jpg?raw=true',
      ]),
  RecommendStore(
      storeName: '영어원어민 논술',
      location: '중동',
      description: '원어민 영어 고급논술&디베이트&스피치 전문',
      commentCount: 7,
      likeCount: 1,
      commentUser: 'kkglo님',
      comment: '저희 아들은 학원 주입식이 아닌 살아있는 영어 수업을 할 수 있어서 너무 좋네요',
      storeImages: [
        'https://github.com/flutter-coder/ui_images/blob/master/carrot_store_3_1.jpg?raw=true',
        'https://github.com/flutter-coder/ui_images/blob/master/carrot_store_3_2.jpg?raw=true',
      ]),
  RecommendStore(
      storeName: '뻘레빙/코인워시 우동점',
      location: '우동',
      description: '빨래방 / 크린토비아 코인워시 우동점 신설했습니다. 많은 이용 바랍니다.',
      commentCount: 11,
      likeCount: 5,
      commentUser: '코인님',
      comment: '처음 방문때 건조기 무료로 서비스 해주셔서 너무 감사 하네요. 앞으로 자주 이용 합니다.',
```

```
      storeImages: [
        'https://github.com/flutter-coder/ui_images/blob/master/carrot_store_4_1.jpg?raw=true',
        'https://github.com/flutter-coder/ui_images/blob/master/carrot_store_4_2.jpg?raw=true',
      ])
];
```

NearMeScreen 위젯 기본 코드 입력하기

내 근처 화면은 부모 위젯(main_screens.dart) IndexedStack 위젯의 자식 항목의 index 2번째 항목입니다.

앱 뼈대 만들기에서 작업했던 near_me_screen.dart 파일을 열고 기본 코드를 입력해 봅시다.

lib / screens / near_me / near_me_screen.dart

```
class NearMeScreen extends StatelessWidget {
  @override
  Widget build(BuildContext context) {
    return Scaffold(
      appBar: AppBar(
        title: Text('내 근처'),
        actions: [
          IconButton(icon: const Icon(CupertinoIcons.pencil), onPressed: () {}),
          IconButton(icon: const Icon(CupertinoIcons.bell), onPressed: () {}),
        ],
        bottom: appBarBottomLine(),
      ),
      body: ListView(
        children: [
          const SizedBox(height: 10),
          // ❶ ...
        ],
      ),
    );
  }
}
```

❶ 앞으로 만들게 될 위젯들을 해당 자리에 추가할 예정입니다.

TextFileld 위젯 만들기

◆ TextField 위젯

여기서는 TextField의 사용방법 전에 꾸미는 방법을 학습하고 "Chapter2 모두의컬리 UI 만들어보기"에서 좀 더 자세하게 학습하겠습니다. lib / screens / near_me 폴더에 components 폴더를 생성하고 search_text_field.dart 파일을 만들어 주세요.

lib / screens / near_me / components / search_text_field.dart

```
class SearchTextField extends StatelessWidget {
  @override
  Widget build(BuildContext context) {
    return Container(
      child: TextField(
        cursorColor: Colors.grey,
        // ❶
        decoration: InputDecoration(
          // ❷
          disabledBorder: _buildOutLineInputBorder(),
          // ❸
          enabledBorder: _buildOutLineInputBorder(),
          // ❹
          focusedBorder: _buildOutLineInputBorder(),
          filled: true,
          fillColor: Colors.grey[200],
          // ❺
```

```dart
          prefixIcon: Icon(
            CupertinoIcons.search,
            color: Colors.grey,
          ),
          // ❻
          contentPadding:
              const EdgeInsets.only(left: 0, bottom: 15, top: 15, right: 0),
          hintText: '좌동 주변 가게를 찾아 보세요.',
          hintStyle: TextStyle(fontSize: 18),
        ),
      ),
    );
  }

  OutlineInputBorder _buildOutLineInputBorder() {
    return OutlineInputBorder(
      // ❼
      borderSide: const BorderSide(width: 0.5, color: Color(0xFFD4D5DD)),
      // ❽
      borderRadius: BorderRadius.circular(8.0),
    );
  }
}
```

❶ 텍스트 필드의 장식하는 속성입니다. decoration 속성의 데이터 타입은 테두리, 레이블, 아이콘 및 스타일을 설정할 수
있는 InputDecoration 객체를 사용합니다.

❷ TextField를 비 활성 상태, enable 속성을 false로 설정했을 때의 border 스타일을 지정하는 속성입니다.

❸ TextField의 enable 속성을 true로 설정했을 때의 border 스타일을 지정하는 속성입니다.

❹ TextField에 포커스가 왔을 때 border 스타일을 지정합니다.

❺ 글이 입력되는 content 영역 앞에 Icon 위젯을 사용하기 위해 지정합니다.

❻ 글 입력 영역을 감싸고 있는 container의 padding 값을 지정합니다.

❼ BorderSide 객체를 이용해 border의 색상과 두께를 설정합니다.

❽ TextField Border 영역에 곡선을 주기 위해 사용합니다.

완성한 SearchTextField 위젯을 NearMeScreen 위젯의 Listview 안에 넣어 줍니다.

lib / screens / near_me / near_me_screen.dart

```dart
    //...생략
    body: ListView(
      children: [
        const SizedBox(height: 10),
        // ❶
        Padding(
          padding: const EdgeInsets.symmetric(horizontal: 16),
```

```
        child: SearchTextField(),
      )
    ],
  ),
//...생략
```

❶ Padding 위젯을 추가하고 child 속성에 SearchTextField 추가해 주세요.

수평 방향으로 스크롤 되는 위젯 만들기

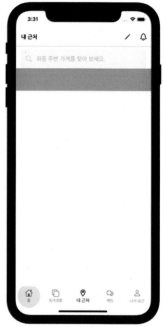

◆ 수평 스크롤 위젯

수평 스크롤 위젯의 부모 위젯은 수직 방향으로 스크롤 되는 ListView입니다. ListView는 수직으로 스크롤 될 때 해당 Axis(방향)으로 나열되는 위젯 각 각의 높이를 자식 위젯에게 위임하는 특성이 있습니다. 그렇기 때문에 수평 방향 ListView에 높이를 주지 않으면 높이가 0이기 때문에 화면에 보이지 않습니다. 수평 방향 ListView에 꼭 고정 height 값을 지정해야 합니다. 그럼 다음과 같이 작업을 진행해 봅시다.

❶ RoundBorderText 위젯 만들기

◆ RoundBorderText 위젯

수평 스크롤 영역 안에 들어갈 위젯을 만들어봅시다.

components 폴더에 round_border_text.dart 파일을 만들어 주세요.

```
lib / screens / near_me / components / round_border_text.dart

class RoundBorderText extends StatelessWidget {
  RoundBorderText({Key? key, required this.title, required this.position})
      : super(key: key);
  // ❶
  final String title;
  // ❷
  final int position;

  @override
  Widget build(BuildContext context) {
    // ❸
    var paddingValue = position == 0 ? 16.0 : 8.0;
    return Padding(
      padding: EdgeInsets.only(left: paddingValue),
      child: Container(
        // ❹
        padding: const EdgeInsets.symmetric(horizontal: 20.0, vertical: 8.0),
        // ❺
        decoration: BoxDecoration(
```

```
            borderRadius: BorderRadius.circular(18.0),
            border: Border.all(width: 0.5, color: Colors.grey),
          ),
          child: Text(title,
              textAlign: TextAlign.center,
              style: TextStyle(fontSize: 14, fontWeight: FontWeight.bold)),
        ),
      );
    }
  }
```

❶ 위젯의 title로 사용할 String 타입의 값을 넘겨받습니다.

❷ 위젯의 position 값을 넘겨받게 합니다.

❸ 위젯의 위치가 0번째일 경우 왼쪽 padding 값을 16.0 아닐 경우 8.0으로 설정합니다. 우리가 만든 SearchTextField 위젯과 왼쪽 정렬을 맞추기 위해 사용합니다.

❹ Container와 Text 위젯 사이의 padding 값을 설정합니다.

❺ Container의 border 속성과 borderRadius 속성을 사용해서 위젯을 꾸며 줍니다.

❷ 수평 방향으로 스크롤 되는 위젯 완성하기

◆ 수평 스크롤 위젯

near_me_screen.dart 파일에서 ListView.builder를 활용하여 수평으로 스크롤 되는 위젯들을 나열해 봅니다. 파일을 열고 다음과 같이 코드를 추가해 주세요.

```
//... 생략
// ❶
Padding(
  padding: const EdgeInsets.symmetric(horizontal: 16),
  child: SearchTextField(),
),
// ❷
SizedBox(
  height: 66,
  child: ListView.builder(
    // ❸
    scrollDirection: Axis.horizontal,
    itemCount: searchKeyword.length,
    itemBuilder: (context, index) {
      return Center(
        child: RoundBorderText(
          title: searchKeyword[index],
          // ❹
          position: index,
        ),
      );
    },
  ),
),
// ❺
Divider(
  color: Colors.grey[100],
  thickness: 10.0,
),
// ❻
//... 생략
```

❶ 우리가 만든 SearchTextField 위젯입니다. 코드 위치를 알리기 위해 표시하였습니다.

❷ SizedBox 위젯을 활용해서 수평 스크롤 되는 영역의 높이 값을 지정해 주어야 합니다.

❸ 스크롤 방향 scrollDirection: Axis.horizontal 사용해서 방향을 지정합니다.

❹ index 값을 넘겨줍니다. 0번째 위젯임을 알리기 위해 사용합니다. 수평 스크롤 영역(SizedBox) 밖에서 Padding을 사용하게 되면 스크롤 영역이 잘리게 되므로 자연스럽지 못한 UI가 만들어집니다.

❺ Divider를 사용해 색상과 굵기 설정을 합니다.

❻ 잠시 후 만들게 될 Wrap 위젯의 위치입니다.

Wrap 위젯 사용해 보기

배치하고자 하는 방향에 공간이 부족할 때는 Wrap을 활용할 수 있습니다. Wrap 위젯은 자식을 Row나 Column으로 배치할 수 있고 배치할 공간이 부족해지면 자식 위젯을 다음 줄에 배치합니다. 반응형 웹을 만들 때도 활용할 수 있습니다.

❶ BottomTitleIcon 위젯 만들기

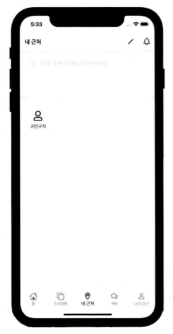

◆ BottomTitleIcon 위젯

Wrap 위젯 안에 사용될 위젯을 만들어봅시다. lib / screens / near_me / components 폴더에 bottom_title_icon.dart 파일을 만들어 주세요.

lib / screens / near_me / components / bottom_title_icon.dart

```
class BottomTitleIcon extends StatelessWidget {
  final IconData iconData;
  final String title;

  const BottomTitleIcon(
      {Key? key, required this.iconData, required this.title})
      : super(key: key);

  @override
  Widget build(BuildContext context) {
    return Container(
      width: 80,
      child: Column(
```

```
      children: [
        Icon(iconData, size: 30),
        Padding(
          padding: const EdgeInsets.only(top: 8),
          child: Text(
            title,
            style: TextStyle(fontSize: 14, color: Colors.black),
          ),
        ),
      ],
    ),
  );
  }
}
```

❷ Wrap 위젯 완성하기

◆ Wrap 위젯

near_me_screen.dart 파일에서 작업합니다. 파일을 열고 다음과 같이 코드를 추가해 주세요.

lib / screens / near_me / near_me_screen.dart

```
      //...생략
      // ❻
      Padding(
        padding: const EdgeInsets.only(left: 16, top: 30),
        child: Wrap(
          alignment: WrapAlignment.start,
          spacing: 22.0,
```

```
            runSpacing: 30,
            children: [
              const BottomTitleIcon(
                  title: '구인구직', iconData: FontAwesomeIcons.user),
              const BottomTitleIcon(
                  title: '과외/클래스', iconData: FontAwesomeIcons.edit),
              const BottomTitleIcon(
                  title: '농수산물', iconData: FontAwesomeIcons.appleAlt),
              const BottomTitleIcon(
                  title: '부동산', iconData: FontAwesomeIcons.hotel),
              const BottomTitleIcon(
                  title: '중고차', iconData: FontAwesomeIcons.car),
              const BottomTitleIcon(
                  title: '전시/행사', iconData: FontAwesomeIcons.chessBishop)
            ],
          ),
        ),
        const SizedBox(height: 50),
        //... 생략
```

❻ Wrap 위젯의 왼쪽과 상단에 padding 값을 사용하고 속성 alignment를 사용하여 정렬을 시작 위치로 설정합니다.
 spacing 속성은 다음 위젯과의 공간을 띄우고 runSpacing 속성은 다음 줄부터 시작하는 공간을 설정할 수 있습니다.

StoreItem 위젯 만들기

◆ StoreItem 위젯

components 폴더에 store_item.dart 파일을 만들어 주세요.

```dart
class StoreItem extends StatelessWidget {
  final RecommendStore recommendStore;

  const StoreItem({Key? key, required this.recommendStore}) : super(key: key);

  @override
  Widget build(BuildContext context) {
    return Container(
      decoration: BoxDecoration(
          borderRadius: BorderRadius.circular(10),
          border: Border.all(width: 0.3, color: Colors.grey)),
      width: 289,
      child: Column(
        crossAxisAlignment: CrossAxisAlignment.start,
        children: [
          Row(
            children: [
              buildClipRRect(topLeft: 10), // ❶
              const SizedBox(width: 2),
              buildClipRRect(topRight: 10), // ❷
            ],
          ),
          Padding(
            padding: const EdgeInsets.all(16),
            child: Column(
              crossAxisAlignment: CrossAxisAlignment.start,
              children: [
                Text.rich(
                  TextSpan(
                    children: [
                      TextSpan(
                          text: '${recommendStore.storeName} ',
                          style: textTheme().headline1),
                      TextSpan(text: '${recommendStore.location}'),
                    ],
                  ),
                ),
                const SizedBox(height: 8),
                Text(
                  '${recommendStore.description}',
                  maxLines: 1,
                  overflow: TextOverflow.ellipsis,
                  style: textTheme().subtitle1,
```

```
          ),
        const SizedBox(height: 8),
        Text.rich(
          TextSpan(
            children: [
              TextSpan(
                  text: '후기 ${recommendStore.commentCount}',
                  style: TextStyle(fontSize: 15, color: Colors.blue)),
              TextSpan(
                text: ' · 관심 ${recommendStore.likeCount}',
                style: textTheme().subtitle1,
              ),
            ],
          ),
        )
      ],
    ),
  ),
),
Expanded(
  child: Container(
    margin: const EdgeInsets.only(left: 16, right: 16, bottom: 16),
    padding: const EdgeInsets.all(10),
    decoration: BoxDecoration(
        color: Colors.grey[200],
        borderRadius: BorderRadius.circular(10)),
    child: Text.rich(
      TextSpan(
        children: [
          TextSpan(
              text: '${recommendStore.commentUser},',
              style: TextStyle(
                  fontSize: 13,
                  color: Colors.black,
                  fontWeight: FontWeight.bold)),
          TextSpan(
              text: '${recommendStore.comment}',
              style: TextStyle(fontSize: 12, color: Colors.black)),
        ],
      ),
      maxLines: 2,
      overflow: TextOverflow.ellipsis,
    ),
  ),
)
],
```

```
    ),
  );
}

ClipRRect buildClipRRect({double topLeft = 0, double topRight = 0}) {
  return ClipRRect(
    borderRadius: BorderRadius.only(
        topLeft: Radius.circular(topLeft),
        topRight: Radius.circular(topRight)),
    child: Image.network(
      recommendStore.storeImages[0],
      width: 143,
      height: 100,
      fit: BoxFit.cover,
    ),
  );
}
}
```

❶, ❷ 반복적인 작업은 메서드로 분리해서 사용하는 것이 좋습니다.

NearMeScreen 위젯 완성하기

◆ NeareScreen 위젯

StoreItem 위젯을 활용해서 코드를 완성해 봅시다. near_me_screen.dart 파일을 열고 코드를 추가해 주세요.

```
lib / screens / near_me / near_me_screen.dart

        //... 생략
        // ❽
        Padding(
          padding: const EdgeInsets.only(left: 16.0),
          child: Text('이웃들의 추천 가게', style: textTheme().headline2),
        ),
        const SizedBox(height: 20),
        // ❾
        Container(
          height: 288,
          child: ListView.builder(
            scrollDirection: Axis.horizontal,
            itemCount: recommendStoreList.length,
            itemBuilder: (context, index) {
              return Padding(
                padding: EdgeInsets.only(left: 16),
                child: StoreItem(
                  recommendStore: recommendStoreList[index],
                ),
              );
            },
          ),
        ),
        // ❿
        SizedBox(height: 40)
        //...생략
```

❽ Text 위젯과 Padding 위젯을 사용합니다.
❾ 이번에는 수평 방향으로 스크롤 하는 위젯의 영역을 Container로 사용하고 우리가 만든 StoreItem 위젯을 활용합니다.
❿ 스크롤을 최하단으로 내렸을 경우 아래의 여유 공간을 확보하기 위해 사용합니다.

F lutter project

## CHAPTER 02

모두의컬리 UI 만들어보기

모두의컬리는 식료품 및 생활용품을 제공하는 모바일 장보기 앱입니다. 독특하게도 보라색 테마 컬러를 사용해서 대중적인 UX, UI를 구성하고 있어 Flutter의 유용한 TabBarView, PaveView, CustomScrollView, Sliver 위젯 등 인기 있고 application 개발에 필수적인 위젯들을 활용해서 화면을 만들고 학습해 보겠습니다.

[앱 미리보기] 모두의컬리 앱 구조 살펴보기

모든 소스 코드는 https://github.com/flutter-coder/flutter-ui-book2 에 공개되어 있습니다.

◆ 홈 금주 혜택 화면

◆ 홈 알뜰 쇼핑 화면

◆ 마이 컬리 화면

◆ 로그인 화면

◆ 검색 화면

◆ 카테고리 화면

◆ 상세보기 화면

◆ 추천 화면

02 _ 1 앱 뼈대 만들기

해당 소스 코드는 https://github.com/flutter-coder/flutter-ui-book2/tree/master/market_kurly_ui/market_kurly_ui_01에 공개되어 있습니다.

◆ 앱 화면

기획 문서나 디자인 시안을 보고 기본 폴더 구조나 필요한 공통 파일들을 미리 만들어 볼 수 있습니다. 위 사진을 보고 기본 폴더 및 기본 파일을 예상해서 만들어보는 연습을 해보겠습니다. 이번 장에서는 크게 4가지 작업이 있습니다. 아래에 적힌 작업 순서대로 따라 만들면서 배워 봅시다. 먼저 프로젝트 이름은 market_kurly_ui 로 하겠습니다. 새 프로젝트를 생성해 주세요.

> **작업 순서**
>
> ❶ 폴더 만들기
> ❷ 프로젝트 전체에 사용할 기본 파일 만들기
> ❸ pubspec.yaml 파일 설정하기
> ❹ 프로젝트에 사용할 아이콘 및 이미지 추가하기

> 폴더 및 파일 만들기 기본 동영상강좌

폴더 만들기

앱 뼈대가 될 폴더를 만들어 봅니다. 아래와 같은 구조로 먼저 만들어 주세요.

```
lib
- models  // 화면에 필요한 샘플 데이터, 모델 클래스 관리 폴더
- screens  // 화면과 관련된 파일이 모여 있는 상위 폴더
        - category // 카테고리 화면에 사용될 위젯 모음 폴더
        - components // 여러 화면에서 공통으로 사용될 위젯 모음 폴더
        - details // 상세보기 화면에서 사용될 위젯 모음 폴더
        - home // 홈 화면에서 사용될 위젯 모음 폴더
        - my_kurly // 나의컬리 화면에서 사용될 위젯 모음 폴더
        - recommend // 추천 화면에서 사용될 위젯 모음 폴더
        - search // 검색 화면에서 사용될 위젯 모음 폴더
        - signin // 로그인 화면에서 사용될 위젯 모음 폴더
        - splash // 앱 시작 화면에서 사용될 위젯 모음 폴더
main.dart
```

◆ 기본 폴더 구조

프로젝트 전체에서 사용할 기본 파일 만들기

앱 뼈대가 될 파일들을 만들어 봅니다. 다음과 같이 파일들을 먼저 만들어 주세요.

```
lib
- models
- screens
      main_screens.dart // 메인 화면으로 사용될 파일(screens 폴더 아래 위치)
constants.dart // 대표 색상 및 상수 관리 파일
enums.dart // enum 객체 관리 파일
main.dart
routes.dart // 라우터 관리 파일( 화면 이동 경로 정의 )
string_extensions.dart // String 객체 확장 클래스 파일
theme.dart // 테마 관련 파일
```

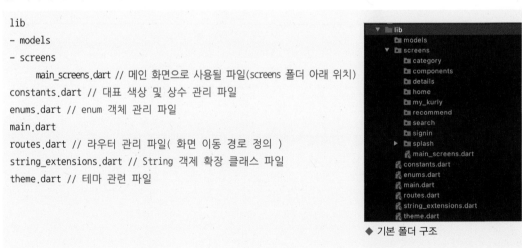

◆ 기본 폴더 구조

pubspec.yaml 파일 설정하기

pubspec.yaml 파일은 간단하게 프로젝트를 정의하는 파일입니다. 프로젝트의 이름, 버전, 개발 환경 등을 정의하고 앱 개발에 필요한 폰트, 아이콘 및 편리한 기능들을 가져와서 사용할 수 있게 해주는 파일입니다.

이번 프로젝트 앱에서도 Dart SDK 버전은 null-safety가 적용되어야 합니다. 먼저 pubspec.yaml 파일에서 Dart 버전을 꼭 확인해 주세요.

```
environment:
  sdk :">=2.12.0 <3.0.0"
```

다음과 같은 라이브러리도 필요합니다.

google_fonts : 폰트 관련 라이브러리

flutter_svg : svg 파일 라이브러리

intl: DateFormat, NumberFormat 관련 라이브러리

pull_to_refresh: refresh 관련 라이브러리

Flutter에서 사용하는 라이브러리는 아래 주소에서 찾아 사용할 수 있습니다.

https://pub.dev

❶ pubspec.yaml 파일에 사용 할 라이브러리 추가하기

```
// 밑에 우리가 사용할 라이브러리들을 등록해 주세요.
# The following adds the Cupertino Icons font to your application.
# Use with the CupertinoIcons class for iOS style icons .
cupertino_icons: ^1.0.2
google_fonts: ^2.0.0  //  폰트 관련 라이브러리
flutter_svg: ^0.21.0-nullsafety.0 // svg 파일 라이브러리
intl: ^0.17.0 //  DateFormat, NumberFormat 관련 라이브러리
pull_to_refresh: ^1.6.3 // refresh 관련 라이브러리
```

❷ pubspec.yaml 파일에 자산관리 폴더 등록하기 (이미지 및 아이콘 모음 폴더)

```
# To add assets to your application, add an assets section , like this :
assets :
  - assets/icons/
  - assets/images/
```

간격이 틀렸을 경우 오류 메시지를 확인할 수 있습니다. 간격을 잘 확인해 주세요.

❸ 자산관리 폴더 생성하기

```
market_kurly_ui
- assets // 리소스 최상위 폴더
  - icons // 아이콘 파일 관리 폴더
  - images // 이미지 파일 관리 폴더
- lib
```

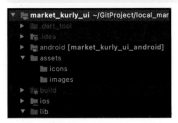

◆ assets 폴더

프로젝트에 사용할 아이콘 및 이미지 추가하기

이 책은 각 장마다 완성된 소스를 제공합니다. 이번 프로젝트 앱에는 기본 이미지 파일들이 필요합니다. https://github.com/flutter-coder/flutter-ui-book2/tree/master/market_kurly_ui 접속해서 market_kurly_ui_01 완성 소스에서 아이콘 파일과 이미지 파일을 받고 복사해서 넣어 주세요.

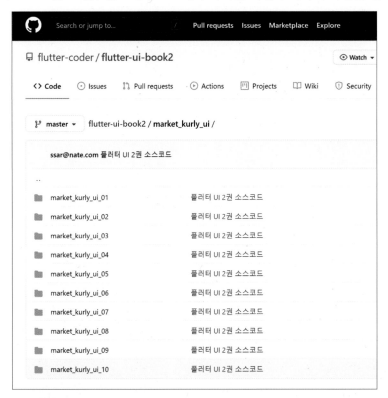

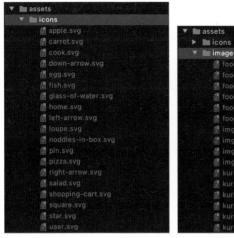

◆ Icon 이미지

◆ 기본 이미지

02 _ 2 Splash 화면 만들기

해당 소스 코드는 https://github.com/flutter-coder/flutter-ui-book2/tree/master/market_
kurly_ui/market_kurly_ui_02에 공개되어 있습니다.

◆ 앱 시작 화면

스플래시 스크린 이란 앱이 시작할 때 보여주는 시작 화면을 말합니다. 보통 앱의 데이터를 로딩하는 시간 동안에 빈 화면을 보여주지 않기 위해 노출하는 화면이며 사용자 경험과 관련된 앱 브랜딩 작업이라고 할 수 있습니다. 이번 장에서는 스플래시 스크린을 만들기 위한 사전 작업과 함께 위젯들을 만들어보겠습니다.

작업 순서

❶ splash_screen.dart 파일 기본 코드 작성

❷ main_screens.dart 파일 기본 코드 작성

❸ routes.dart 파일 코드 작성

❹ constants.dart 파일 코드 작성

❺ theme.dart 파일 코드 작성

❻ main.dart 파일 코드 작성

❼ splash_screen.dart 파일 완성하기

---

splash_screen.dart 파일 기본 코드 작성

lib / screens / splash / 폴더에 splash_screen.dart 파일을 만들고 샘플 코드를 작성해 봅시다.

lib / screens / splash / splash_screen.dart

```dart
import 'package:flutter/material.dart';

class SplashScreen extends StatelessWidget {
  // ❶
  static String routeName = "/splash";

  @override
  Widget build(BuildContext context) {
    return Container(
      child: Center(
        child: Text("SplashScreen"),
      ),
    );
  }
}
```

❶ 플러터가 이 화면을 찾을 때 경로의 이름으로 사용됩니다.

main_screens.dart 기본 코드 작성

책에서는 import 구문은 가능한 생략 처리합니다. 자동완성 기능으로 완료해 주세요.

```dart
import 'package:flutter/material.dart';
class MainScreens extends StatelessWidget {
  // ❶
  static String routeName = "/main_screens";
  @override
  Widget build(BuildContext context) {
    return Scaffold(
      body: Center(
        child: Text("mainScreens"),
      ),
    );
  }
}
```

❶ 플러터가 이 화면을 찾을 때 경로의 이름으로 사용됩니다.

> ❝ test / widget_test.dart 파일에 빨간색이 확인된다면 파일을 삭제해도 됩니다.

routes.dart 파일 코드 작성

이 앱에 routes.dart 파일은 이 프로젝트 앱의 화면 경로의 이름을 정의하고 관리하는 파일입니다.
Flutter에게 앱에 어떤 화면들이 있는지 알려주기 위해 routes 파일을 생성하여 모든 경로를 등록해
둡니다. 추후 main.dart에서 routes 파일을 활용할 예정입니다. 앱 뼈대 만들기에서 만들었던 lib /
routes.dart 파일을 열고 다음과 같이 작성해 봅니다.

lib / routes.dart

```dart
import 'package:flutter/material.dart';
import 'screens/main_screens.dart';
import 'screens/splash/splash_screen.dart';

final Map<String, WidgetBuilder> route = {
  // ❶
  SplashScreen.routeName: (context) => SplashScreen(),
  MainScreens.routeName: (context) => MainScreens()
};
```

❶ { String : Widget } 형태를 가진 Map 구조일 뿐입니다. 앞으로 앱을 만들면서 어떻게 사용하는지 배우겠습니다.

constants.dart 파일 코드 작성

앱에 공통으로 사용하는 상수들을 정의하는 파일입니다.

앱 뼈대 만들기에서 만들었던 lib / constants.dart 파일을 열고 다음과 같이 작성해 봅시다.

```
lib / constants.dart
```

```dart
import 'package:flutter/material.dart';


const kPrimaryColor = Color(0xFF5f0088);
const kSecondaryColor = Color(0xFF979797);
const kTextColor = Color(0xFF757575);
```

theme.dart 파일 코드 작성

앱에 공통으로 사용할 theme들의 정의합니다.

앱 뼈대 만들기에서 만들었던 lib / theme.dart 파일을 열고 다음과 같이 작성해 봅니다.

```
lib / theme.dart
```

```dart
import 'package:flutter/material.dart';
import 'package:google_fonts/google_fonts.dart';
import 'constants.dart';

ThemeData theme() {
  return ThemeData(
    scaffoldBackgroundColor: Colors.white,
    appBarTheme: AppBarTheme(
      centerTitle: true,
      // ❶
      color: kPrimaryColor,
      elevation: 0.0,
    ),
    primaryColor: kPrimaryColor,
    // ❷
    textSelectionTheme: TextSelectionThemeData(cursorColor: kPrimaryColor),
    visualDensity: VisualDensity.adaptivePlatformDensity,
```

```
  );
}

TextTheme textTheme() {
  return TextTheme(
    headline1:
        GoogleFonts.nanumGothic(fontSize: 18.0, fontWeight: FontWeight.bold),
    headline2:
        GoogleFonts.nanumGothic(fontSize: 16.0, fontWeight: FontWeight.bold),
    subtitle1: GoogleFonts.nanumGothic(fontSize: 16.0),
    bodyText1: GoogleFonts.nanumGothic(fontSize: 15.0),
    bodyText2: GoogleFonts.nanumGothic(fontSize: 14.0),
  );
}
```

❶ AppBarTheme에 constants.dart 파일에 정의한 앱의 브랜드 색상을 지정합니다.

❷ textSelectionTheme 속성은 선택된 텍스트 모양을 정의하는 위젯입니다. 여기에서는 cursorColor를 정의하기 위해 사용합니다.

◆ cursorColor 속성 정의

main.dart 파일 코드 작성

lib / main.dart

```
import 'package:flutter/material.dart';
import 'routes.dart';
import 'screens/splash/splash_screen.dart';
import 'theme.dart';

void main() {
  runApp(MarketKurly());
}

class MarketKurly extends StatelessWidget {
```

```dart
  @override
  Widget build(BuildContext context) {
    return MaterialApp(
      debugShowCheckedModeBanner: false,
      title: "Market Kurly UI",
      // ❶
      initialRoute: SplashScreen.routeName,
      // ❷
      routes: route,
      // ❸
      theme: theme(),
    );
  }
}
```

❶ 앱에 첫 화면을 지정하는 속성입니다.

❷ Flutter에 Navigation 화면들을 등록하는 부분입니다. routes.dart 파일에서 만들었던 map⟨String, WidgetBuilder⟩ 자료형 변수 route를 입력해주세요.

❸ theme.dart 파일에서 정의한 ThemeData 객체를 등록합니다.

splash_screen.dart 파일 완성하기

lib / screens/ splash / splash_screen.dart

```dart
import 'package:flutter/material.dart';
import 'package:google_fonts/google_fonts.dart';
import '../../constants.dart';
import '../main_screens.dart';

class SplashScreen extends StatelessWidget {
  static String routeName = "/splash";

  @override
  Widget build(BuildContext context) {
    return Scaffold(
      backgroundColor: kPrimaryColor,
      body: SafeArea(
          child: Column(
        mainAxisAlignment: MainAxisAlignment.center,
        children: [
          Expanded(
            flex: 5,
            child: Center(
              child: Text(
                "Kurly",
                style: GoogleFonts.pacifico(fontSize: 28, color: Colors.white),
              ),
```

```
                ),
              ),
            Expanded(
              flex: 1,
              child: Padding(
                padding: EdgeInsets.all(24),
                child: TextButton(
                  child: Text("Continue"),
                  onPressed: () {
                    // ❶
                    _completeSplash(context, MainScreens());
                  },
                ),
              ),
            ),
          ),
        ],
      )),
    );
  }

  void _completeSplash(BuildContext context, Widget widget) {
    Navigator.pushReplacement(
        context, MaterialPageRoute(builder: (BuildContext context) => widget));
  }
}
```

❶ 화면에서 Continue 버튼을 누르면 _completeSplash 메서드를 실행합니다. Navigator.pushreplacement 메서드는 이전 경로를 없애 주면서 새로운 화면으로 이동시켜 줍니다. 간단히 말해서 뒤로 가기 버튼을 눌러도 이전에 있던 화면은 나오지 않게 됩니다.

◆ 이동한 MainScreens 위젯

02 _ 3 mainScreens 위젯 만들기

해당 소스 코드는 https://github.com/flutter-coder/flutter-ui-book2/tree/master/market_
kurly_ui/market_kurly_ui_03에 공개되어 있습니다.

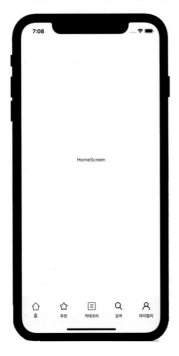

MainScreens 위젯은 bottomNavigationBar 와 IndexedStack을 가지고 있는 위젯입니다.
하단 아이콘을 눌렀을 때 상단 화면과 선택된 하단 아이콘 색상이 변경되는 위젯을 만들어봅시다.

> 작업 순서
>
> ❶ StatefulWidget 위젯으로 변경하기
> ❷ IndexedStack 위젯에 들어갈 자식 위젯 만들기
> ❸ Indexed 위젯 추가하기
> ❹ BottomNavigationBar 데이터 모델 클래스 만들기
> ❺ MainScreens 위젯 완성하기

StatueWidget 위젯으로 변경하기

MainScreens 위젯은 화면이 변경되어야 하는 위젯이기 때문에 상태 변경이 없는 StatelessWidget
에서 StatefulWidget 위젯으로 변경합니다. lib / screens / main_screens.dart 파일을 열고 코드
를 수정해 봅시다.

```dart
class MainScreens extends StatefulWidget {
  static String routeName = "/main_screens";

  @override
  _MainScreensState createState() => _MainScreensState();
}

class _MainScreensState extends State<MainScreens> {
  @override
  Widget build(BuildContext context) {
    return Scaffold(
      body: Center(
        child: Text("mainScreens"),
      ),
    );
  }
}
```

TIP 위젯의 생명주기란?

플러터의 위젯 트리에서 위젯이 등록되고 화면이 생성되고 사라질 때까지의 위젯 내부의 단계적인 상태 변화를 가지는 것을 말합니다. StatelessWidget도 Constructor ─> build() ─> dispose() 과정의 상태를 가지고 있지만 화면에 한 번 갱신되면 사라질 때까지 변경될 수 없는 위젯이라고 생각하면 됩니다.

StatefulWidget은 생명주기는 상태가 변경될 수 있기 때문에 StatelessWidget보다 많은 단계를 가지고 있습니다.

createState()	StatefulWidget 생성하면 즉시 호출
mounted == true	createState() 실행되면 모든 위젯이 가지고 있는 속성 this.mounted가 true로 변경된다.
initState()	State 클래스 생성 후 제일 먼저 호출 되는 함수, 생성 후 한 번만 호출 한다.
didChangeDependencies()	initState() 다음에 바로 호출된다. 또한 위젯이 의존하는 데이터의 객체가 호출될 때마다 호출된다. **예** 업데이트되는 위젯을 상속한 경우.
build()	위젯을 렌더링 하는 함수. 위젯을 반환. 이 메서드는 자주 호출된다.
didUpdateWidget()	위젯이 변경되어 재 구성해야 하는 경우 호출
setState()	데이터의 변경을 알리는 함수
deactivate()	State가 제거될 때 호출된다.
dispose()	State가 완전히 제거되었을 때 호출
mounted == false	모든 프로세서가 종료된 후 this.mount 속성이 false로 된다.

IndexedStack 위젯에 들어갈 자식 위젯 만들기

IndexedStack 위젯의 자식 위젯으로 사용될 HomeScreen, RecommendScreen, CategoryScreen, SearchScreen, MyKurlyScreen 샘플 코드를 넣어 위젯을 만들어 봅시다.

❶ HomeScreen 위젯 만들기

하단 홈 버튼을 눌렀을 때 나오는 화면으로 사용되는 파일입니다.

lib / screens / home 폴더에 home_screen.dart 파일을 만들어 다음과 같이 기본코드를 넣어 둡시다.

```
lib / screens / home / home_screen.dart

class HomeScreen extends StatelessWidget {
  @override
  Widget build(BuildContext context) {
    return Scaffold(
      body: Center(child: Text("HomeScreen"),),
    );
  }
}
```

❷ RecommendScreen 위젯 만들기

하단 추천 버튼을 눌렀을 때 나오는 화면으로 사용되는 파일입니다.

lib / screens / recommend 폴더에 recommend_screen.dart 파일을 만들고 기본 코드를 넣어 둡시다.

```
lib / screens / recommend / recommend_screen.dart

class RecommendScreen extends StatelessWidget {
  @override
  Widget build(BuildContext context) {
    return Scaffold(
      body: Center(child:Text("RecommendScreen")),
    );
  }
}
```

❸ CategoryScreen 위젯 만들기

하단 카테고리 버튼을 눌렀을 때 나오는 화면으로 사용되는 파일입니다.

lib / screens / category 폴더에 category_screen.dart 파일을 만들고 마찬가지로 다음과 같이 입력해 주세요.

```
class CategoryScreen extends StatelessWidget {
  @override
  Widget build(BuildContext context) {
    return Scaffold(
      body: Center(child: Text("CategoryScreen"),),
    );
  }
}
```

❹ SearchScreen 위젯 만들기

하단 검색 버튼을 눌렀을 때 나오는 화면으로 사용되는 파일입니다.

lib / screens / search 폴더에 search_screen.dart 파일을 만들고 기본 코드를 입력해 봅시다.

```
class SearchScreen extends StatelessWidget {
  @override
  Widget build(BuildContext context) {
    return Scaffold(
      body: Center(child: Text("SearchScreen"),),
    );
  }
}
```

❺ MyKurlyScreen 샘플 위젯 만들기

하단 마이컬리 버튼을 눌렀을 때 나오는 화면으로 사용되는 파일입니다.

lib / screens / my_kurly 폴더에 my_kurly_screen.dart 파일을 만들고 다음과 같이 입력해 봅시다.

```
class MyKurlyScreen extends StatelessWidget {
  @override
  Widget build(BuildContext context) {
    return Scaffold(
      body: Center(child: Text("MyKurlyScreen"),),
    );
  }
}
```

Indexed 위젯 추가하기

main_screens.dart 파일에 Indexed 위젯을 추가해 봅시다.

lib / screens / my_kurly / my_kurly_screen.dart

```
class MainScreens extends StatefulWidget {
  static String routeName = "/main_screens";

  @override
  _MainScreensState createState() => _MainScreensState();
}

class _MainScreensState extends State<MainScreens> {
  // ❶
  int _selectedIndex = 0;
  @override
  Widget build(BuildContext context) {
    return Scaffold(
      body: IndexedStack(
        index: _selectedIndex,
        children: [
          HomeScreen(),
          RecommendScreen(),
          CategoryScreen(),
          SearchScreen(),
          MyKurlyScreen()
        ],
      ),
    );
  }
}
```

❶현재 선택된 IndexedStack 위젯의 자식 index를 저장하는 변수를 선언합니다.

bottomNavigationBar 데이터 모델 클래스 만들기

lib / models / nav_item.dart 파일을 만들어 주세요. 데이터 모델 클래스 NaveItem 클래스를 작성하고 bottomNavigationBar에 사용할 데이터를 만들어봅시다.

lib / models / nav_item.dart

```dart
class NaveItem {
  final int id;
  final String icon;
  final String label;

  NaveItem({required this.label, required this.id, required this.icon});
}

List<NaveItem> navItems = [
  NaveItem(id: 0, label: "홈", icon: "assets/icons/home.svg"),
  NaveItem(id: 1, label: "추천", icon: "assets/icons/star.svg"),
  NaveItem(id: 2, label: "카테코리", icon: "assets/icons/square.svg"),
  NaveItem(id: 3, label: "검색", icon: "assets/icons/loupe.svg"),
  NaveItem(id: 4, label: "마이컬리", icon: "assets/icons/user.svg"),
];
```

◆ BottmNavigationBar 위젯

MainScreens 위젯 완성하기

BottomNavigationBar 위젯을 만들고 MainScreens 위젯을 완성해 봅시다.

lib / screens / main_screens.dart

```dart
class MainScreens extends StatefulWidget {
  static String routeName = "/main_screens";

  @override
  _MainScreensState createState() => _MainScreensState();
}

class _MainScreensState extends State<MainScreens> {
  int _selectedIndex = 0;

  @override
  Widget build(BuildContext context) {
    return Scaffold(
      body: IndexedStack(
        index: _selectedIndex,
        children: [
          HomeScreen(),
```

```dart
            RecommendScreen(),
            CategoryScreen(),
            SearchScreen(),
            MyKurlyScreen()
          ],
        ),
      bottomNavigationBar: BottomNavigationBar(
        type: BottomNavigationBarType.fixed,
        selectedItemColor: Colors.purple,
        unselectedItemColor: Colors.black,
        currentIndex: _selectedIndex,
        backgroundColor: Colors.white,
        onTap: onTaped,
        // ❶
        items: List.generate(
          navItems.length,
          (index) => _buildBottomNavigationBarItem(
            icon: navItems[index].icon,
            label: navItems[index].label,
            // ❷
            isActive: navItems[index].id == _selectedIndex ? true : false,
          ),
        ),
      ),
    );
  }

  void onTaped(index) {
    setState(() {
      _selectedIndex = index;
    });
  }

  _buildBottomNavigationBarItem(
      {String? icon,
      String? label,
      bool isActive = false,
      GestureTapCallback? press}) {
    return BottomNavigationBarItem(
      icon: SizedBox(
        width: 38,
        height: 38,
        child: IconButton(
          onPressed: press,
          // ❸
          icon: SvgPicture.asset(icon ?? "assets/icons/star.svg",
              color: isActive ? kPrimaryColor : Colors.black),
        ),
      ),
      label: label,
    );
  }
}
```

❶ nav_item.dart 파일에서 만든 데이터 navItems의 개수만큼 반복문을 돌면서 _buildBottomNavigationBarItem() 메서드를 호출합니다.

❷ 현재 선택한 BottomNavigationBarItem 인덱스 번호와 NavItem 객체의 id 값이 같으면 true 리턴합니다.

❸ icon이 null 이면 "assets/icons/star.svg" 파일로 대체 한다는 의미입니다.

02 _ 4 마이컬리 화면 만들기

해당 소스 코드는 https://github.com/flutter-coder/flutter-ui-book2/tree/master/market_kurly_ui/market_kurly_ui_04에 공개되어 있습니다.

이번 장을 완료하면 만들수 있는 화면 입니다.

◆ 마이컬리 화면

이 프로젝트 앱의 마이컬리 화면입니다. 이번 장에서는 마이컬리 화면에서만 사용하는 위젯이 아닌 여러 화면에서 사용할 수 있는 위젯들은 lib / screens / components 폴더에 만들어 두겠습니다.

> **작업 순서**
>
> ❶ 공통 위젯 만들기
>
> ❷ Appbar 만들기
>
> ❸ MyKurlyHeader 위젯 만들기
>
> ❹ 데이터 모델 클래스 만들기
>
> ❺ MyKurlyBody 위젯 만들기
>
> ❻ MyKurlyScreen 위젯 완성하기

공통 위젯 만들기

DefaultButton, TextMenuCard, StackIcon, CustomActions라는 이름으로 재사용 가능한 위젯들을 만들어 봅니다. 재사용 가능한 위젯을 만들 때는 사용하는 위젯에서(부모 위젯) 사이즈를 결정할 수 있도록 만드는 것이 좋습니다. 그럼 만들면서 배울 수 있도록 합시다.

❶ DefaultButton 위젯 만들기

앱에서 기본적으로 사용할 스타일의 버튼 위젯을 만들어봅시다.

lib / screens / components 폴더에 default_button.dart 파일을 생성해 주세요.

```
lib / screens / components / default_button.dart

class DefaultButton extends StatelessWidget {
  final String? text;
  final GestureTapCallback? press;
  final Color color;

  const DefaultButton(
  {Key? key,
    this.text,
    this.press,
    this.color = kPrimaryColor}
  ) : super(key: key);

  @override
```

```
Widget build(BuildContext context) {
  return ElevatedButton(
    style: ElevatedButton.styleFrom(
      primary: color,
      padding: EdgeInsets.all(16),
    ),
    onPressed: press,
    child: Center(
      child: Text(
        text ?? "",
        style: textTheme().subtitle1,
      ),
    ),
  );
  }
}
```

❷ TextMenuCard 위젯 만들기

◆ TextMenuCard 위젯

앱에서 기본적으로 사용할 텍스트와 아이콘으로 이루어진 카드 메뉴를 만들어봅시다.

lib / screens / components 폴더에 text_menu_card.dart 파일을 생성해 주세요.

```dart
class TextMenuCard extends StatelessWidget {
  final String? title;
  final String? icon;
  final GestureTapCallback? press;
  final Color? textColor;
  final Color? iconColor;

  const TextMenuCard({
    Key? key,
    this.title,
    this.icon,
    this.press,
    this.textColor = Colors.black,
    this.iconColor = Colors.grey,
  }) : super(key: key);

  @override
  Widget build(BuildContext context) {
    return InkWell(
      onTap: press,
      child: Card(
        margin: EdgeInsets.zero,
        color: Colors.white,
        elevation: 0,
        child: Padding(
          padding: EdgeInsets.symmetric(horizontal: 16),
          child: Row(
            mainAxisAlignment: MainAxisAlignment.spaceAround,
            children: [
              Text(
                title ?? "",
                style: TextStyle(color: textColor, fontSize: 16),
              ),
              Spacer(),
              SizedBox(
                width: 26,
                child: IconButton(
                  onPressed: () {},
                  icon: SvgPicture.asset(
                    icon ?? "assets/icons/right-arrow.svg",
                    color: iconColor,
                  ),
                ),
              )
            ],
          ),
        ),
      ),
    );
  }
}
```

❸ StackIcon 위젯 만들기

◆ StackIcon 위젯 만들기

lib / screens / components 폴더에 stack_icon.dart 파일을 생성해 주세요.

lib / screens / components / stack_icon.dart

```
class StackIcon extends StatelessWidget {
  final String? imgPath;
  final GestureTapCallback? onPressed;
  final String? counter;

  const StackIcon({
    Key? key,
    this.imgPath,
    this.onPressed,
    this.counter,
  }) : super(key: key);

  @override
  Widget build(BuildContext context) {
    return Stack(
      alignment: Alignment.center,
      children: [
        IconButton(
          onPressed: onPressed,
          icon: SvgPicture.asset(
            imgPath ?? "assets/icons/shopping-cart.svg",
            color: Colors.white,
```

```
          ),
        ),
        Positioned(
          top: 10,
          right: 5,
          child: Container(
            width: 14,
            height: 14,
            child: Center(
              child: Text(
                "$counter",
                style: TextStyle(fontSize: 10, color: kPrimaryColor),
              ),
            ),
            decoration: BoxDecoration(
              color: Colors.white,
              borderRadius: BorderRadius.circular(6.0),
            ),
          ),
        )
      ],
    );
  }
}
```

❹ CustomActions 위젯 만들기

◆ CustomActions 위젯 만들기

AppBar 아이콘은 여러 화면에서 사용될 예정이기 때문에 StackIcon을 포함하는 위젯을 만들어 두 겠습니다.

lib / screens / components 폴더에 custom_actions.dart 파일을 생성해 주세요.

```dart
lib / screens / components / custom_actions.dart

class CustomActions extends StatelessWidget {
  @override
  Widget build(BuildContext context) {
    return Padding(
      padding: const EdgeInsets.only( right: 16.0),
      child: Row(
        children: [
          SizedBox(
            width: 38,
            child: IconButton(
                onPressed: () {},
                icon: SvgPicture.asset(
                  "assets/icons/pin.svg",
                  color: Colors.white,
                )),
          ),
          SizedBox(
            width: 38,
            child: StackIcon(
              imgPath: "assets/icons/shopping-cart.svg",
              onPressed: () {},
              counter: "2",
            ),
          )
        ],
      ),
    );
  }
}
```

AppBar 만들기

◆ AppBar 위젯

이 프로젝트 앱에서는 AppBar를 각각 화면마다 만들어 주겠습니다. 앱 바를 만드는 방법에 익숙해
지도록 합시다.

lib / screens / my_kurly / my_kurly_screen.dart

```
class MyKurlyScreen extends StatelessWidget {
  @override
  Widget build(BuildContext context) {
    return Scaffold(
      backgroundColor: Color(0xFFF5F5F5),
      appBar: AppBar(
        automaticallyImplyLeading: false,
        title: Text("마이컬리"),
        actions: [CustomActions()],
      ),
    );
  }
}
```

MyKurlyHeader 위젯 만들기

my_kurly_screen.dart 파일에서만 사용되는 위젯들 my_kurly/components 폴더에서 관리합니다.
my_kurly 폴더 아래 components 폴더를 생성하고 my_kurly_header.dart 파일을 만들어 주세요.

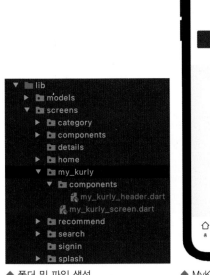

◆ 폴더 및 파일 생성 　　　　　 ◆ MyKurlyHeader 위젯

lib / screens / my_kurly / components / my_kurly_header.dart

```
class MyKurlyHeader extends StatelessWidget {
  @override
  Widget build(BuildContext context) {
    return Container(
      color: Colors.white,
      child: SizedBox(
        height: 250,
        width: double.infinity,
        child: Column(
          mainAxisAlignment: MainAxisAlignment.spaceEvenly,
          children: [
            Spacer(),
            SizedBox(
              width: 250,
              child: Text(
                "회원 가입하고\n 다양한 혜택을 받아보세요!",
                textAlign: TextAlign.center,
```

```
                style: TextStyle(
                  fontSize: 18,
                ),
              ),
            ),
          ),
          SizedBox(height: 8),
          Text(
            "가입 혜택 보기  〉",
            style: TextStyle(fontSize: 16, color: Colors.grey),
          ),
          Spacer(),
          Padding(
            padding: const EdgeInsets.all(20),
            child: DefaultButton(
              text: "로그인/회원가입",
              press: () {},
            ),
          ),
          Spacer(),
        ],
      ),
    ),
  );
  }
}
```

데이터 모델 클래스 만들기

TextMenuCard 위젯에 사용할 데이터 모델 클래스와 마이컬리 화면에서 사용할 리스트 데이터를
만들어 주겠습니다. lib / models / text_menu.dart 파일을 만들어 주세요.

lib / models / text_menu.dart

```
class TextMenu {
  String? text;
  String? icon;
  String? path;

  TextMenu({this.text, this.icon, this.path});
}
// Menu Data
List<TextMenu> textMenuList = [
  TextMenu(text: "배송 안내", icon: "assets/icons/right-arrow.svg", path: "/"),
  TextMenu(text: "공지 사항", icon: "assets/icons/right-arrow.svg", path: "/"),
  TextMenu(
```

```
          text: "자주하는 질문", icon: "assets/icons/right-arrow.svg", path: "/"),
    TextMenu(text: "고객센터", icon: "assets/icons/right-arrow.svg", path: "/"),
    TextMenu(text: "이용안내", icon: "assets/icons/right-arrow.svg", path: "/"),
    TextMenu(text: "컬리 소개", icon: "assets/icons/right-arrow.svg", path: "/"),
  ];
```

MyKurlyBody 위젯 만들기

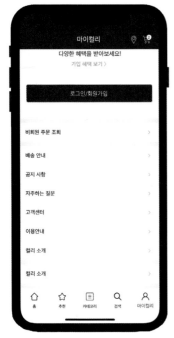

◆ MyKurlyBody 위젯

먼저 my_kurly / components / my_kurly_body.dart 파일을 만들어 주세요.

lib / screens / my_kurly / components / my_kurly_body.dart

```
class MyKurlyBody extends StatelessWidget {
  @override
  Widget build(BuildContext context) {
    return Column(
      children: [
        MyKurlyHeader(),
        buildPaddingTextMenuCard("비회원 주문 조회", () {}),
        SizedBox(
          height: 330,
          child: ListView.separated(
            physics: ClampingScrollPhysics(),
            itemBuilder: (context, index) => SizedBox(
```

```
            height: 55,
            child: TextMenuCard(
              title: textMenuList[index].text,
              icon: textMenuList[index].icon,
              press: () {},
            ),
          ),
          separatorBuilder: (context, index) => Divider(
            height: 0,
          ),
          itemCount: textMenuList.length,
        ),
      ),
      buildPaddingTextMenuCard("컬리 소개", () {}),
    ],
  );
}

Padding buildPaddingTextMenuCard(String text, GestureTapCallback press) {
  return Padding(
    padding: const EdgeInsets.symmetric(vertical: 12.0),
    child: SizedBox(
      height: 55,
      child: TextMenuCard(
        title: text,
        icon: "assets/icons/right-arrow.svg",
        press: press,
        textColor: Colors.black,
      ),
    ),
  );
}
}
```

MyKurlyScreen 위젯 완성하기

lib / screens / my_kurly / my_kurly_screen.dart

```
lass MyKurlyScreen extends StatelessWidget {
  @override
  Widget build(BuildContext context) {
    return Scaffold(
      backgroundColor: Color(0xFFF5F5F5),
      appBar: AppBar(
```

```
      automaticallyImplyLeading: false,
      title: Text("마이컬리"),
      actions: [
        CustomActions(),
      ],
    ),
    body: SingleChildScrollView(
      child: MyKurlyBody(),
    ), // end of SingleChildScrollView
  );
  }
}
```

02 _ 5 로그인 화면 만들기

해당 소스 코드는 https://github.com/flutter-coder/flutter-ui-book2/tree/master/market_kurly_ui/market_kurly_ui_05에 공개되어 있습니다.
이번 장을 완료하면 만들 수 있는 화면입니다.

이번 장에서는 화면을 이동하고 종료하는 방법과 Form 위젯을 사용하는 방법을 배워 봅시다.

❶ SignInScreen 기본 위젯 만들기

❷ SignInScreen Appbar 만들기

❸ KurlySignForm 위젯 만들기

SignInScreen 기본 위젯 만들기

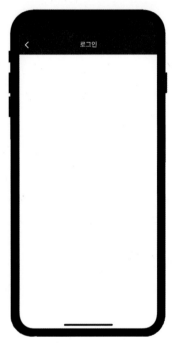

◆ 로그인 기본 화면

먼저 lib / screens / singin 폴더에 signin_screen.dart 파일을 만들어 주세요.

그리고 signin_screen.dart 파일에서만 사용할 위젯들을 모아놓을 수 있도록 components 폴더도

만들어 주세요.

❶ signin_screen.dart 파일에 기본 코드 입력하기

```
lib / screens / singin / signin_screen.dart

class SignInScreen extends StatelessWidget {
  // ❶
  static String routeName = "/sign_in";

  @override
```

```
  Widget build(BuildContext context) {
    return Scaffold(
      appBar: AppBar(
        title: Text("로그인"),
        // ❷
        automaticallyImplyLeading: true,
      ),
      body: Container(),
    );
  }
}
```

❶ Flutter가 이 화면을 요청할 때 경로의 이름으로 사용됩니다.
❷ 이전 화면으로 되돌아 가능 아이콘(화살표)을 자동으로 만들어 줍니다.

❷ routes.dart 파일에 경로 등록하기

SignInScreen 위젯에서 만들었던 routeName 변수를 routes.dart 파일에 등록합니다.

```
final Map<String, WidgetBuilder> route = {
  SplashScreen.routeName : (context) => SplashScreen(),
  MainScreens.routeName : (context) => MainScreens(),
  // ❶
  SignInScreen.routeName : (context) => SignInScreen()
};
```

❶ SignInScreen의 경로명을 등록해 줍니다.

❸ SignInScreen 위젯 연결하기

[마이컬리] 화면에서 로그인 화면으로 이동하는 동작이기 때문에 04장에서 만들었던 my_kurly_header.dart 파일로 돌아가 코드를 추가해 봅시다.

```
//...생략
Padding(
  padding: const EdgeInsets.all(20),
  child: DefaultButton(
    text: "로그인/회원가입",
    press: () {
      // ❶
      Navigator.pushNamed(context, SignInScreen.routeName);
    },
```

```
        ),
    )
    //...생략
```

❶ Navigator 객체의 pushNamed 메서드를 이용해 화면 이동 기능을 만들 수 있습니다. 화면에서 버튼을 누르고 동작을 확인해 봅시다.

SignInScreen Appbar 만들기

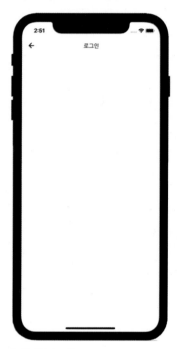

◆ 로그인 AppBar

뒤로 가기 아이콘을 변경하고 앱 바를 완성해 봅시다.

```
lib / screens / singin / signin_screen.dart
class SignInScreen extends StatelessWidget {
  static String routeName = "/sign_in";

  @override
  Widget build(BuildContext context) {
    return Scaffold(
      appBar: AppBar(
        backgroundColor: Colors.white,
        title: Text(
```

```
          "로그인",
          style: textTheme().subtitle1?.copyWith(color: Colors.black),
        ),
        iconTheme: IconThemeData(color: Colors.black),
        // ❶
        automaticallyImplyLeading: false,
        leading: IconButton(
            icon: Icon(
              Icons.arrow_back,
              color: Colors.black,
            ),
            // ❷
            onPressed: () => Navigator.pop(context)),
        bottom: PreferredSize(
          child: Divider(),
          preferredSize: Size.fromHeight(1.0),
        ),
      ),
      // ❸
      // body: KurlySignFrom(),
    );
  }
}
```

❶ automaticallyImplyLeading 속성을 false로 명시하면 자동으로 이전 화면으로 돌아가는 아이콘을 생성하지 않습니다. 대신 leading 속성에 우리가 정의한 아이콘을 사용해서 기능을 만들어 줍니다.
❷ Navigator 객체의 pop 메서드를 이용해 화면을 종료합니다.
❸ 잠시 후 만들 위젯의 이름입니다. KurlySignFrom() 위젯 기본 코드 입력하기를 완성하고 주석을 풀어주세요.

KurlySignForm 위젯 만들기

lib / screens / signin 폴더 아래 components 폴더를 만들고 kurly_sign_from.dart 파일을 만들어 주세요.

❶ KurlySignForm 기본 코드 입력하기

`lib / screens / singin / components / kurly_sign_form.dart`

```
class KurlySignFrom extends StatefulWidget {
  @override
  _KurlySignFromState createState() => _KurlySignFromState();
}

class _KurlySignFromState extends State<KurlySignFrom> {
```

```dart
// ❶
final GlobalKey<FormState> _formKey = GlobalKey<FormState>();
// ❷
final List<String> errors = [];
// ❸
String? id;
// ❹
String? password;
// ❺
String kIdNull = "아이디를 입력해주세요";
// ❻
String kPasswordNull = "비밀번호를 입력해주세요";

@override
Widget build(BuildContext context) {
  return Form(
    key: _formKey,
    child: Padding(
      padding: const EdgeInsets.all(20.0),
      child: Column(
        children: [
          // ❼
          //_buildIdlField(),
          SizedBox(height: 12),
          // ❽
          //_buildPasswordField(),
          SizedBox(height: 20),
          DefaultButton(
            text: "로그인",
            press: () {
              // ❾
              if (_formKey.currentState!.validate() && errors.isEmpty) {
                ScaffoldMessenger.of(context).showSnackBar(
                  SnackBar(
                    content: Text('유효성 검사 확인'),
                  ),
                );
              }
            },
          ),
          SizedBox(height: 10),
          // ❿
          // FormError(errors: errors)
        ],
      ),
    ),
  );
}
// ⓫
}
```

❶ GlobalKey는 Form 태그 안에 연결이 됩니다. Form 태그를 사용하는 이유는 Form 태그안에 있는 모든 입력받는 요소들에 있는 값들의 상태(값)을 관리하기 위해서 사용합니다. GlobalKey를 통해서 모든 요소의 값을 한 번에 관리할 수 있습니다.

❷ 우리가 미리 정의한 유효성 검사에 실패한 유형들을 담는 String 타입의 리스트 변수입니다.

❸ 사용자가 입력할 id 값을 담는 변수

❹ 사용자가 입력한 password 값을 담을 변수

❺ id를 입력하지 않았을 경우 유효성 검사에 실패한 유형입니다.

❻ password를 입력하지 않았을 경우 실패한 유형입니다.

❼ 아이디를 입력받을 TextFormField 위젯을 메서드로 분리해서 만들 예정입니다.

❽ 비밀번호를 입력받을 TextFormField 위젯을 메서드로 분리해서 만들 예정입니다.

❾ form의 유효성을 검사하는 부분입니다.

❿ 유효성 검사에 실패한 항목을 위젯으로 만들어 표시하게 됩니다. 위젯 완성 후 주석을 풀어주세요

⓫ // ❼ , // ❽ , // ❾ 메서드로 분리한 위젯들을 만들 예정입니다.

❷ TextFormField의 바깥 모양 만들기

테두리가 있는 TextFormField를 만들기 위해 OutlineInputBorder 객체를 사용해봅시다.

kurly_sign_form.dart 파일 // ⓫ 위치에 메서드를 만들어 주세요.

```
lib / screens / singin / components / kurly_sign_form.dart

// ⓫
OutlineInputBorder outlineInputBorder(Color color) {

        return OutlineInputBorder(borderSide: BorderSide(color: color, width: 1));
}
```


❸ 아이디를 입력받는 TextFormField 만들기

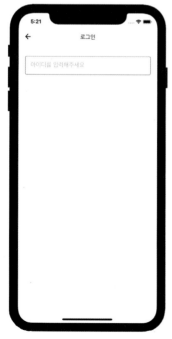

◆ TextFormField 위젯

좀 전에 만든 outlineInputBorder 메서드를 이용해 아이디를 입력받는 TextFormField 위젯을 만들어보겠습니다.

```
lib / screens / singin / components / kurly_sign_form.dart
```

```dart
// ⓫
//...생략
TextFormField _buildIdlField() {
    return TextFormField(
      onSaved: (newValue) => id = newValue,
      onChanged: (value) {
        if (value.isNotEmpty & errors.contains(kIdNull)) {
          setState(() {
            errors.remove(kIdNull);
          });
        }
      },
      validator: (value) {
        if (value!.isEmpty & !errors.contains(kIdNull)) {
          setState(() {
            errors.add(kIdNull);
          });
        }
        return null;
      },
      decoration: InputDecoration(
        border: outlineInputBorder(kTextColor),
        focusedBorder: outlineInputBorder(kPrimaryColor),
        errorBorder: outlineInputBorder(kPrimaryColor),
        disabledBorder: InputBorder.none,
        contentPadding: EdgeInsets.only(left: 16, top: 15, bottom: 15),
        filled: true,
        fillColor: Colors.white,
        hintStyle: TextStyle(color: Colors.grey[400], fontSize: 18),
        hintText: kIdNull,
      ),
    );
  }
//...생략
```

메서드를 //❼번 위치에 _buildIdField() 주석을 해제합니다. import 구문도 완성해 주세요.

❹ 비밀번호를 입력받는 TextFormField 만들기

◆ TextFormField 위젯

`lib / screens / singin / components / kurly_sign_form.dart`

```dart
// ⑪
//...생략
TextFormField _buildPasswordField() {
    return TextFormField(
      obscureText: true,
      onSaved: (newValue) => password = newValue,
      onChanged: (value) {
        if (value.isNotEmpty & errors.contains(kPasswordNull)) {
          setState(() {
            errors.remove(kPasswordNull);
          });
        }
      },
      validator: (value) {
        if (value!.isEmpty & !errors.contains(kPasswordNull)) {
          setState(() {
            errors.add(kPasswordNull);
          });
        }
        return null;
      },
      decoration: InputDecoration(
        border: outlineInputBorder(kTextColor),
        focusedBorder: outlineInputBorder(kPrimaryColor),
        errorBorder: outlineInputBorder(kPrimaryColor),
```

```
      disabledBorder: InputBorder.none,
      contentPadding: EdgeInsets.only(left: 16, top: 15, bottom: 15),
      filled: true,
      fillColor: Colors.white,
      hintStyle: TextStyle(color: Colors.grey[400], fontSize: 18),
      hintText: kPasswordNull,
    ),
  );
}
```

//❽번 위치에 _buildPasswordField() 메서드 주석도 해제합니다.

❺ FormError 위젯 만들기

◆ FormError 위젯

FormError 위젯을 components 폴더에서 따로 관리하겠습니다.

lib / screens / signin / components 폴더 아래 form_error.dart 파일을 만들어 주세요

lib / screens / singin / components / form_error.dart

```
class FormError extends StatelessWidget {
  const FormError({
    Key? key,
    this.errors,
  }) : super(key: key);
```

```
  final List<String>? errors;

  @override
  Widget build(BuildContext context) {
    return Column(
      mainAxisSize: MainAxisSize.max,
      crossAxisAlignment: CrossAxisAlignment.stretch,
      children: List.generate(
        errors?.length ?? 0,
        (index) => Text(
          " * ${errors?[index]}",
          style: TextStyle(color: Colors.red),
        ),
      ),
    );
  }
}
```

//⓾번으로 표기했던 FormError(errors: errors) 메서드 부분도 주석을 해제하고 import 구분까지 완성해 주세요. 코드를 다 완성하였습니다. 아이디와 비번을 입력하고 지우면서 동작을 확인해 보세요. TextFormField는 요구 사항에 맞게 응용할 수 있어야 하지만 기본적으로 만드는 방법부터 익숙해져야 합니다.

◆ KurlySignFrom 완성

02 _ 6 홈 화면 만들기

해당 소스 코드는 https://github.com/flutter-coder/flutter-ui-book2/tree/master/market_kurly_ui/market_kurly_ui_06에 공개되어 있습니다.

이번 장을 완료하면 만들 수 있는 화면입니다.

 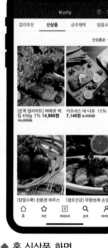  

◆ 홈 컬리추천 화면   ◆ 홈 신상품 화면   ◆ 홈 금주 혜택 화면   ◆ 홈 알뜰 쇼핑 화면

이 프로젝트 앱의 홈 화면입니다. 여기에서는 TabBar 위젯을 만드는 방법과 매우 인기 있는 Sliver 위젯을 만들고 다루는 방법을 학습하고 재사용 위젯들을 좀 더 활용할 수 있는 방법을 배웁니다.

작업 순서

❶ 홈 화면 TabBar 만들기

❷ 데이터 모델 클래스 만들기

❸ TabBarView 컬리추천 화면 만들기

❹ TabBarView 신상품 화면 만들기

❺ TabBarView 금주해택 화면 만들기

❻ TabBarView 알뜰쇼핑 화면 만들기

홈 화면 TabBar 만들기

◆ TabBar 위젯

TabBar는 인기 있는 위젯 중 하나입니다. 만들 수 있는 방법이 몇 가지 있지만 가장 기본적으로 사용되는 방법부터 학습해 봅시다. lib / screens / home에 components 폴더를 생성하고 TabBar에 재료 화면으로 사용할 파일들을 만들어 주겠습니다.

[컬리추천] – kurly_page.dart
[신상품] – new_product_page.dart
[금주혜택] – benefit_page.dart
[알뜰쇼핑] – thrifty_shopping_page.dart

각각 기본 코드를 작성해 봅시다.

lib / screens / home / components / benefit_page.dart

```dart
class BenefitPage extends StatelessWidget {
  @override
  Widget build(BuildContext context) {
    return Container();
  }
}
```

```dart
class KurlyPage extends StatelessWidget {
  @override
  Widget build(BuildContext context) {
    return Container();
  }
}
```

```dart
class NewProductPage extends StatelessWidget {
  @override
  Widget build(BuildContext context) {
    return Container();
  }
}
```

```dart
class ThriftyShoppingPage extends StatelessWidget {
  @override
  Widget build(BuildContext context) {
    return Container();
  }
}
```

◆ 홈 폴더 및 파일

파일을 다 만들었으면 앱 뼈대 만들기에서 생성했던 HomeScreen 위젯의 코드를 완성해 봅시다.

```dart
class HomeScreen extends StatelessWidget {
  @override
  Widget build(BuildContext context) {
    // ❶
    List<String> categories = ["컬리추천", "신상품", "금주혜택", "알뜰쇼핑"];
    // ❷
```

```
return DefaultTabController(
  // ❸
  initialIndex: 0,
  // ❹
  length: categories.length,
  child: Scaffold(
    appBar: AppBar(
      automaticallyImplyLeading: false,
      title: Text("Kurly"),
      actions: [
        CustomActions(),
      ],
      bottom: PreferredSize(
        child: Container(
          decoration: BoxDecoration(
            border: Border(
              bottom: BorderSide(width: 0.3, color: Colors.grey)
            ),
            color: Colors.white
          ),
          child: TabBar(
            tabs: List.generate(
              categories.length,
                (index) =>
                Tab(
                  text: categories[index],
                ),
            ),
            // ❺
            labelColor: kPrimaryColor,
            // ❻
            unselectedLabelColor: kSecondaryColor,
            labelStyle: textTheme().headline2?.copyWith(
                color: kPrimaryColor, fontWeight: FontWeight.bold),
            // ❼
            indicator: UnderlineTabIndicator(
              borderSide: BorderSide(width: 2, color: kPrimaryColor),
            ),
          ),
        ),
        preferredSize: Size.fromHeight(42),
      ),
    ),
    // ❽
    body: TabBarView(
      children: [
```

```
            KurlyPage(),
            NewProductPage(),
            BenefitPage(),
            ThriftyShoppingPage()
          ],
        ),
      ),
    );
  }
}
```

❶ TabBar의 타이틀로 사용될 탭의 목록입니다.
❷ DefaultTabController는 TabBar 또는 TabBarView 와 TabController를 공유하는 데 사용되는 상속된 위젯입니다.
❸ 선택된 초기 색인입니다.
❹ 총 탭의 수입니다.
❺ 선택된 탭이 색상입니다.
❻ 선택되지 않은 탭의 색상을 나타냅니다.
❼ 선택한 탭 아래에 표시되는 선의 색상입니다.
❽ body의 탭 바 뷰를 생성합니다. DefaultTabController 위젯의 length 속성과 길이가 같아야 오류가 나지 않습니다.

데이터 모델 클래스 만들기

먼저 화면을 만들기 위한 데이터 모델 클래스와 샘플 데이터를 만들어봅시다.

❶ Product 모델 클래스 만들기

화면을 만들기 위한 Product 클래스와 샘플 데이터를 만들어봅시다.

lib / models / product.dart 파일을 만들어 주세요.

lib / models / product.dart

```
class Product {
  final String? imageUrl;
  final String? title;
  final int? price;
  final int? discount;

  Product({this.imageUrl, this.title, this.price, this.discount});
}

List<Product> productList = [
  Product(
    imageUrl: "https://github.com/flutter-coder/ui_images/blob/master/kurly_product_0.jpg?raw=true",
    title: "[존쿡 델리미트] 바베큐 백립 450g",
```

```
      price: 16000,
      discount: 7,
    ),
    Product(
      imageUrl: "https://github.com/flutter-coder/ui_images/blob/master/kurly_product_1.jpg?raw=true",
      title: "카프리스 데 디유",
      price: 8400,
      discount: 15,
    ),
    Product(
      imageUrl: "https://github.com/flutter-coder/ui_images/blob/master/kurly_product_2.jpg?raw=true",
      title: "[당일수확] 친환경 하우스 딸기 (설향)",
      price: 8900,
      discount: 35,
    ),
    Product(
      imageUrl: "https://github.com/flutter-coder/ui_images/blob/master/kurly_product_3.jpg?raw=true",
      title: "[청오건강] 무항생제 손질 새우 230g",
      price: 6200,
      discount: 10,
    ),
    Product(
      imageUrl: "https://github.com/flutter-coder/ui_images/blob/master/kurly_product_4.jpg?raw=true",
      title: "[호주산]토마호크 신선 불고기 700g",
      price: 32000,
      discount: 15,
    ),
    Product(
      imageUrl: "https://github.com/flutter-coder/ui_images/blob/master/kurly_product_5.jpg?raw=true",
      title: "[맛있게 한끼] 국산콩 두부",
      price: 4600,
      discount: 15,
    ),
  ];
```

❷ HomeBanner 모델 클래스 만들기

TabBarView 컬리추천 화면에 사용할 배너 모델 클래스와 샘플 데이터를 만들어봅시다.

lib / models / home_banner.dart 파일을 만들어 주세요.

```dart
class HomeBanner {
  final String bannerImage;
  final String eventTitle;
  final String eventContent;

  HomeBanner(
      {required this.eventTitle,
      required this.eventContent,
      required this.bannerImage});
}

// 샘플 데이터
List<HomeBanner> homeBannerList = [
  HomeBanner(
    bannerImage: "assets/images/kurly_banner_2.jpg",
    eventTitle: "회원가입하면",
    eventContent: "인기상품이\n100원부터 시작!",
  ),
  HomeBanner(
    bannerImage: "assets/images/kurly_banner_0.jpg",
    eventTitle: "장바구니 자랑하면",
    eventContent: "5천원의 행운이 매일!",
  ),
  HomeBanner(
    bannerImage: "assets/images/kurly_banner_1.jpg",
    eventTitle: "바쁜 현대인들을 위한",
    eventContent: "모두의 아침 식사",
  ),
  HomeBanner(
    bannerImage: "assets/images/kurly_banner_3.jpg",
    eventTitle: "현대인의 건강을 위한",
    eventContent: "신선한 야채 식단!",
  ),
  HomeBanner(
    bannerImage: "assets/images/kurly_banner_4.jpg",
    eventTitle: "설렘 안고 떠나는",
    eventContent: "온라인 빵지순례",
  ),
  HomeBanner(
    bannerImage: "assets/images/kurly_banner_5.jpg",
    eventTitle: "든든한 한끼",
    eventContent: "맛있는 바베큐",
  ),
];
```

TabBarView 컬리추천 화면 만들기

◆ TabBarView 컬리추천

컬리추천 화면에 스와이프 되는 배너 위젯과 하단 수평으로 스크롤 되는 위젯을 만들어보겠습니다.

❶ BoxBorderText 위젯 만들기

◆ BoxBorderText 위젯

이미지 위에 사용할 Container의 decoration 속성을 이용해서 만든 위젯입니다.

lib / screens / home / components / box_border_text.dart 파일을 만들어 주세요.

```dart
class BoxBorderText extends StatelessWidget {
  const BoxBorderText({
    Key? key,
    required this.title,
    required this.subTitle,
  }) : super(key: key);

  final String title;
  final String subTitle;

  @override
  Widget build(BuildContext context) {
    return Container(
      padding: EdgeInsets.all(8),
      decoration: BoxDecoration(
          color: Color.fromRGBO(0, 0, 0, 0.1),
          borderRadius: BorderRadius.circular(20)),
      child: Column(
        crossAxisAlignment: CrossAxisAlignment.start,
        mainAxisSize: MainAxisSize.min,
        children: [
          Text(this.title,
              style:
                  GoogleFonts.nanumGothic(fontSize: 28, color: Colors.white)),
          SizedBox(
            height: 5,
          ),
          Text(
            subTitle,
            style: GoogleFonts.nanumGothic(
                fontSize: 28, fontWeight: FontWeight.bold, color: Colors.white),
          ),
        ],
      ),
    );
  }
}
```

❷ NumberIndicator 위젯 만들기

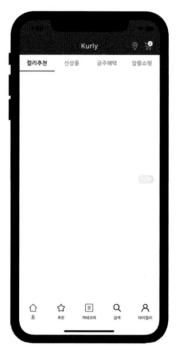

◆ NumberIndicator 위젯

이미지의 총개수와 현재 이미지의 번호를 나타내는 위젯입니다. 마찬가지로 Container의 decoraion 속성으로 만든 위젯입니다.

lib / screens / home / components / number_indicator.dart 파일을 만들어 주세요.

lib / screens / home / components / number_indicator.dart

```dart
class NumberIndicator extends StatelessWidget {
  const NumberIndicator({
    Key? key,
    required this.length,
    required this.currentPage,
    this.width = 48,
    this.height = 25,
  }) : super(key: key);

  final int currentPage;
  final int length;
  final double width;
  final double height;

  @override
  Widget build(BuildContext context) {
    return Container(
```

```
      width: width,
      height: height,
      decoration: BoxDecoration(
          color: Colors.black.withOpacity(0.1),
          borderRadius: BorderRadius.circular(12)),
      child: Center(
          child: Text(
        "$currentPage / $length",
        style: TextStyle(color: Colors.white),
      )),
    );
  }
}
```

❸ KurlyBannerItem 위젯 만들기

◆ KurlyBannerItem 위젯

완성된 KurlyBannerItem 위젯의 모습입니다.

lib / screens / home / components / kurly_banner_item.dart 파일을 만들어 주세요.

앞서 만든 BoxBorderText 위젯과 NumberIndicator 위젯을 이용하여 KurlyBannerItem 위젯을
완성해 봅시다.

```dart
class KurlyBannerItem extends StatefulWidget {
  @override
  _KurlyBannerItemState createState() => _KurlyBannerItemState();
}


class _KurlyBannerItemState extends State<KurlyBannerItem> {
  // ❶
  final List<HomeBanner> list = homeBannerList;
  // ❷
  int currentPage = 0;


  @override
  Widget build(BuildContext context) {
    return Stack(
      children: [
        PageView.builder(
          itemCount: list.length,
          itemBuilder: (context, index) {
            return Stack(
              children: [
                // ❸
                Container(
                  decoration: BoxDecoration(
                    image: DecorationImage(
                        image: AssetImage(list[index].bannerImage),
                        fit: BoxFit.cover),
                  ),
                ),
                // ❹
                Positioned(
                  top: 50,
                  left: 16,
                  child: BoxBorderText(
                    title: list[index].eventTitle,
                    subTitle: list[index].eventContent,
                  ),
                ),
              ],
            );
          },
          // ❺
          onPageChanged: (value) {
            setState(() {
              currentPage = value;
            });
```

```dart
          },
        ),
        // ❻
        Positioned(
          bottom: 16,
          right: 16,
          child: NumberIndicator(
            currentPage: currentPage + 1,
            length: list.length,
          ),
        )
      ],
    );
  }
}
```

❶ lib / models / home_banner.text 파일에서 만든 샘플 데이터입니다.

❷ 현재 페이지 뷰 색인을 저장하는 변수입니다.

❸ Container 위젯에 BoxDecoration 위젯을 이용하여 배경을 이미지 파일로 꾸미고 있습니다.

❹ Positioned 위젯을 이용해서 BoxBorderText 위젯의 위치를 지정합니다.

❺ 페이지 뷰의 인덱스가 변경될 때 currentPage 변수에 index 번호를 저장합니다.

❻ Positioned 위젯을 이용해서 NumberIndicator 위젯의 위치를 지정하고 index 번호는 0부터 시작하기 때문에 1을 더해 주겠습니다.

❹ KurlyPage 위젯에 코드 추가하기

컬리추천(kurly_page.dart) 화면에 KurlyBannerItem 위젯을 추가해주세요.

lib / screens / home / components / kurly_page.dart

```dart
class KurlyPage extends StatelessWidget {
  @override
  Widget build(BuildContext context) {
    return ListView(
      children: [
        // ❶
        SizedBox(
          height: 335,
          child: KurlyBannerItem(),
        ),
      ],
    );
  }
}
```

❶ 배너 영역이 차지할 위젯이 세로 크기를 지정해 주세요.

❺ NumberFormat 함수 만들기

우리는 상품에 가격, 숫자에 콤마를 넣은 기능을 필요로 합니다. 이 기능을 만드는 가장 쉬운 방법은 pub.dev 사이트에 있는 intl 라이브러리를 가지고 와서 NumberFormat 객체를 사용하면 됩니다. 그리고 사용 빈도가 높다면 함수로 만들면 됩니다. 하지만 우리는 Extension methods(확장 메서드)를 이용하는 방법을 알아보고 사용해봅시다.

앱 뼈대 만들기에서 만들었던 string_extensions.dart 파일을 열어주세요. String 클래스 기능을 확장한다는 의미입니다. 다음과 같이 코드를 입력해주세요.

```
lib / strings_extensions.dart

// ❶
import 'package:intl/intl.dart';

// ❷
extension StringExtension on String {
  String numberFormat() {
    // ❸
    final formatter = NumberFormat("#,###");
    return formatter.format(int.parse(this));
  }
}
```

❶ 앱 뼈대 만들기에서 pubspec.yaml 파일에 등록한 intl 라이브러리를 import 합니다.
❷ 확장 메서드 이름을 StringExtension 으로 하고 String 객체를 확장하겠다는 의미입니다.
❸ 문자열의 형태를 천 단위에 콤마를 표시하는 형식으로 지정합니다.

TIP 확장 메서드 사용 방법 예시

```
import 'package:market_kurly_ui/string_extensions.dart';
...
print("5000".numberFormat());
// 5,000
print("1000000".numberFormat());
// 1,000,000
```

String 객체 뒤에 . 을 표시하고 numberFormat() 함수를 사용하기만 하면 됩니다.
하지만 한가지 아쉬운 점은 아직 자동 완성 기능으로 파일을 import 하지 못하기 때문에 직접 import 구문을 작성해 줘야 하는 단점이 있습니다.

❻ 컬리추천 화면 ProductItem 위젯 만들기

◆ ProductItem 위젯

여러 화면에서 사용할 위젯입니다. lib / screens / components 폴더에 product_item.dart 파일을 만들어 주세요.

lib / screens / components / product_item.dart

```dart
import 'package:flutter/material.dart';
import '../../models/product.dart';
import '../../theme.dart';
// ❶
import '../../string_extensions.dart';

class ProductItem extends StatelessWidget {
  final Product product;
  final bool? lineChange;
  final double? textContainerHeight;

  const ProductItem(
      {Key? key,
      required this.product,
      this.lineChange = false,
      this.textContainerHeight = 80})
      : super(key: key);
```

```
@override
Widget build(BuildContext context) {
  return Column(
    crossAxisAlignment: CrossAxisAlignment.stretch,
    children: [
      // ❷
      Expanded(
        child: InkWell(
          onTap: () {},
          child: Image.network(
            product.imageUrl ?? "assets/images/kurly_banner_0.jpg",
            fit: BoxFit.cover,
          ),
        ),
      ),
      // ❸
      Container(
        height: textContainerHeight,
        width: double.infinity,
        child: Padding(
          padding: EdgeInsets.only(top: 8),
          child: Text.rich(
            TextSpan(children: [
              TextSpan(
                  text: "${product.title} ${lineChange == true ? "\n" : ""}",
                  style: textTheme().subtitle1),
              TextSpan(
                text: " ${product.discount}% ",
                style: textTheme().headline2?.copyWith(color: Colors.red),
              ),
              TextSpan(
                  text: discountPrice(
                      product.price ?? 0, product.discount ?? 0),
                  style: textTheme().headline2),
              // ❹
              TextSpan(
                text: "${product.price.toString().numberFormat()}원",
                style: textTheme().bodyText2?.copyWith(
                    decoration: TextDecoration.lineThrough,
                  ),
              ),
            ]),
          ),
        ),
      )
    ],
```

```
    );
  }

  // ❺
  String discountPrice(int price, int discount) {
    double discountRate = ((100 - discount) / 100);
    int discountPrice = (price * discountRate).toInt();
    return "${discountPrice.toString().numberFormat()}원 ";
  }
}
```

❶ extension method로 만든 파일은 직접 import 구문을 작성해 주세요.
❷ 이미지 파일입니다. 중요한 부분은 Expanded로 감싸고 세로의 크기는 사용하는 부모 위젯에서 결정합니다.
❸ Text.rich 위젯을 이용하여 문단별로 글자 스타일을 추가합니다. 글자가 들어가는 부분은 기본 높이 값을 80으로 지정하고 상황에 따라 부모 위젯에서 지정할 수 있도록 변수를 추가합니다.
❹ extension method 메서드 numberFormat() 함수를 사용하는 모습입니다.
❺ 할인율에 따라 가격이 계산되는 함수입니다.

❼ 컬리추천 화면 완성하기

◆ 컬리추천 화면 완성

탭 메뉴의 컬리추천 화면을 완성해 보겠습니다. kurly_page.dart 파일을 열어주세요.

```dart
class KurlyPage extends StatelessWidget {
  @override
  Widget build(BuildContext context) {
    return ListView(
      children: [
        // ❶
        SizedBox(
          height: 335,
          child: KurlyBannerItem(),
        ),
        SizedBox(height: 25),
        Padding(
          padding: EdgeInsets.only(left: 16, bottom: 16),
          child: Text("이 상품 어때요?", style: textTheme().headline1),
        ),
        // ❷
        SizedBox(
          height: 300,
          child: ListView.builder(
            scrollDirection: Axis.horizontal,
            itemCount: productList.length,
            itemBuilder: (context, index) => Padding(
              padding: EdgeInsets.only(left: 10),
              child: SizedBox(
                width: 150,
                child: ProductItem(
                  product: productList[index],
                ),
              ),
            ),
          ),
        ),
      ],
    );
  }
}
```

❶ KurlyBannerItem 위젯은 높이 값을 지정하지 않았습니다. 부모 위젯 SizedBox에 높이 값을 335로 지정합니다.

❷ 가로 방향으로 스크롤 되는 ListView.builder을 이용해 우리가 만든 ProductItem 위젯을 생성합니다. 당연히 가로 방향으로 스크롤 되는 세로 높이가 있어야 하기 때문에 SizedBox 위젯으로 높이를 지정해 줍니다.

TabBarView 신상품 화면 만들기

신상품 화면 만들기에서는 CustomScrollView 뷰와 SliverAppBar, SliverGrid 사용해서 화면을 만드는 방법을 배웁니다.

◆ TabBarView 신상품 화면

❶ ProductFilterButton 위젯 만들기

◆ ProductFilterButton 위젯

PopupMenuButton을 사용해서 위젯을 만들어봅시다.

lib / screens / home / components 폴더에 product_filter_button.dart 파일을 생성해 주세요.

lib / screens / home / components / product_filter_button.dart

```dart
class ProductFilterButton extends StatefulWidget {
  @override
  _ProductFilterButtonState createState() => _ProductFilterButtonState();
}

class _ProductFilterButtonState extends State<ProductFilterButton> {
  // ❶
  String _selectedUItem = '신상품순';
  // ❷
  List _options = ['신상품순', '인기순', '혜택순'];
  @override
  Widget build(BuildContext context) {
    return PopupMenuButton(
      padding: EdgeInsets.zero,
      offset: Offset(0, 0),
      icon: Align(
        alignment: Alignment.bottomRight,
        child: TextButton(
          child: Row(
            mainAxisAlignment: MainAxisAlignment.end,
            children: [
              Text("$_selectedUItem",
                  style: textTheme().bodyText2?.copyWith(color: Colors.black)),
              Icon(Icons.arrow_drop_down, color: Colors.black),
            ],
          ),
          onPressed: null,
        ),
      ),

      onSelected: (value) {
        setState(() {
          _selectedUItem = value.toString();
        });
      },
      itemBuilder: (BuildContext context) {
        // ❸
        return _options
            .map((option) => PopupMenuItem(
                  child: Text("$option", style: textTheme().bodyText2),
                  value: option,
                ))
            .toList();
      },
```

```
        );
    }
}
```

❶ PopupMenuButton의 초깃값입니다.

❷ 메뉴로 사용할 목록입니다.

❸ 리스트의 map 함수를 사용해서 리스트의 값을 하나씩 꺼내 PopupMenuItem 위젯을 생성하고 반환해 줍니다.

❸ CircleContainer 위젯 만들기

◆ CircleContainer 위젯

앞서 만들었던 productItem 위젯을 이용해 부모 위젯으로 Stack 위젯을 lib / screens / home / components 폴더에 circle_container.dart 파일을 생성해 주세요.

---

lib / screens / home / components / circle_container.dart

```dart
class CircleContainer extends StatelessWidget {
  final String? iconPath;

  const CircleContainer({
    Key? key,
    this.iconPath,
  }) : super(key: key);
```

```
      @override
      Widget build(BuildContext context) {
        return Container(
          width: 30,
          height: 30,
          decoration: BoxDecoration(
              borderRadius: BorderRadius.circular(17.5),
              color: kPrimaryColor.withOpacity(0.6)),
          child: Padding(
            padding: const EdgeInsets.all(6.0),
            child: SvgPicture.asset(
              iconPath ?? "assets/icons/star.svg",
              color: Colors.white,
            ),
          ),
        );
      }
    }
```

❹ 신상품 화면 완성하기

TabBarView 신상품 화면을 완성해 봅시다.

new_product_page.dart 파일을 수정해 봅시다.

lib / screens / home / components / new_product_page.dart

```
class NewProductPage extends StatelessWidget {
  @override
  Widget build(BuildContext context) {
    return Padding(
      padding: EdgeInsets.symmetric(horizontal: 16),
      // ❶
      child: CustomScrollView(
        slivers: <Widget>[
        // ❼
          CupertinoSliverRefreshControl(
            onRefresh: () {
              return Future<void>.delayed(const Duration(seconds: 1));
            },
          ),
          // ❷
          SliverAppBar(
            elevation: 0.0,
            automaticallyImplyLeading: false,
            backgroundColor: Colors.white,
            titleSpacing: 0,
            actions: [
              SizedBox(
                child: ProductFilterButton(),
                width: 100,
```

```
            )
          ],
        ),
        // ❸
        SliverGrid(
          gridDelegate: SliverGridDelegateWithMaxCrossAxisExtent(
            // ❹
            maxCrossAxisExtent: 200.0,
            mainAxisSpacing: 30.0,
            crossAxisSpacing: 8.0,
            childAspectRatio: 0.6,
          ),
          delegate: SliverChildBuilderDelegate(
              (BuildContext context, int index) {
            // ❺
            return Stack(
              children: [
                ProductItem(
                  product: productList[index],
                ),
                Positioned(
                  bottom: 90,
                  right: 10,
                  child: CircleContainer(iconPath: 'assets/icons/shopping-cart.svg'),
                )
              ],
            );
          },
          // ❻
          childCount: productList.length,
        ),
      ),
    ],
  ),
);
  }
}
```

❶ CustomScrollView 사용하면 슬라이더를 직접 제공하여 목록, 그리드 및 확장 헤더와 같은 다양한 스크롤 효과를 생성할 수 있습니다.

❷ CustomScrollView 와 통합되는 머티리얼 디자인 앱 바입니다. 앱이 스크롤 될 때마다 형태를 바꾸거나 사라지는 효과를 만들 때 사용할 수 있습니다.

❸ 한 화면에 리스트 뷰와 그리드 뷰만 있다면 각 항목당 개별적으로 스크롤만 가능합니다. 다 같이 스크롤 하고 싶거나 더 복잡한 스크롤 뷰 효과를 만들고 싶을 때 슬리버 리스트와 슬리버 그리드를 사용하면 됩니다.

❹ 그리드 뷰에 들어올 하나의 항목에 최대 크기를 지정하고 이 값에 따라 교차 축의 범위를 균등하게 나눕니다.

❺ ProductItem 위젯을 Stack 위젯으로 감싸 위젯을 더 추가해서 꾸밀 수 있습니다.

❻ 자식의 위젯의 총개수입니다.

❼ CupertinoSliverRefreshControl 위젯은 콘텐츠 컨트롤을 새로 고치기 위해 iOS 스타일의 끌어 오기를 구현하는 위젯입니다. 안드로이드 폰에서는 동작하지 않습니다. 다음 작업 **금주혜택 화면 만들기**에서 안드로이드와 iOS에서 같이 동작하는 위젯을 학습해 보겠습니다.

◆ iOS 새로 고침

TabBarView 금주 혜택 화면 만들기

◆ TabBarView 금주 혜택 화면

❶ 금주 혜택 화면 모델 클래스 만들기

lib / models 폴더에 benefit_banner.dart 파일을 만들어 주세요.
BenefitBanner 클래스를 작성하고 샘플 데이터를 만들어 봅시다.

lib / models / benefit_banner.dart

```
class BenefitBanner {
  String? title;
  String? benefit;
  String? image;

  BenefitBanner({this.title, this.benefit, this.image});
}

// 샘플 데이터
List benefitBannerList = [
  BenefitBanner(
    title: "컬리가 고른\n신선한 야채 요리",
    benefit: "이주의 신선 최대 15%할인",
    image: "assets/images/img_3.png",
  ),
  BenefitBanner(
    title: "아이들 간신을 담은\n레시피",
    benefit: "심플리독 최대 20%할인",
    image: "assets/images/img_2.png",
  ),
  BenefitBanner(
    title: "정길한 손맛으로\n행복한 한 끼",
    benefit: "탐나는 밥상 최대 20%할인",
    image: "assets/images/img_1.png",
  ),
  BenefitBanner(
    title: "건강한 고이요리 돈육",
    benefit: "탄단지 최대 25%할인",
    image: "assets/images/img_4.png",
  ),
  BenefitBanner(
    title: "건강한 채식요리",
    benefit: "돈마루 최대 10%할인",
    image: "assets/images/img_3.png",
  ),
];
```

❷ 금주 혜택 화면 완성하기

lib / screens / home / components / benefit_page.dart 파일을 열고 코드를 수정해 봅시다.

lib / screens / home / components / benefit_page.dart

```
// ❶
class BenefitPage extends StatefulWidget {
  @override
  _BenefitPageState createState() => _BenefitPageState();
}

class _BenefitPageState extends State<BenefitPage> {

  Future _onRefresh() async {
    await Future.delayed(Duration(milliseconds: 1000));
  }

  @override
  Widget build(BuildContext context) {
    // ❷
    return RefreshIndicator(
      // ❸
      onRefresh: _onRefresh,
      child: ListView.builder(
        itemBuilder: (context, index) => Padding(
```

```
            padding: const EdgeInsets.only(bottom: 20),
            child: Container(
              padding: EdgeInsets.only(left: 22),
              // ❹
              color: Color(0xeff4e4da * (index + 1)),
              height: 140,
              child: Row(
                children: [
                  Column(
                    crossAxisAlignment: CrossAxisAlignment.start,
                    children: [
                      const Spacer(),
                      Text(
                        "${benefitBannerList[index].title}",
                        style: textTheme().bodyText2
                      ),
                      Text(
                        "${benefitBannerList[index].benefit}",
                        style: textTheme().bodyText2!.copyWith(fontWeight: FontWeight.bold)
                      ),
                      const Spacer(),
                    ],
                  ),
                  const Spacer(),
                  Image.asset(
                    benefitBannerList[index].image,
                    fit: BoxFit.cover,
                  ),
                  const SizedBox(width: 22)
                ],
              ),
            ),
          ),
          itemCount: benefitBannerList.length,
        ),
      );
    }
}
```

❶ StatefulWidget 위젯으로 변경해 주세요.

❷ 화면에서 스크롤 위젯을 내렸을 경우 새로 고침을 표현하는 위젯과 새로 고침 동작을 처리할 수 있게 도와주는 위젯입니다.

❸ onRefresh 속성은 Future를 반환하는 함수로 만들어져야 하고 콘텐츠를 업데이트하는 부분으로 사용할 수 있습니다.

❹ 색상을 동적으로 만들어 주기 위한 코드입니다.

TabBarView 알뜰쇼핑 화면 만들기

◆ TabBarView 알뜰쇼핑 화면

TabBarView 알뜰쇼핑 화면을 만들어보겠습니다. 여기에서는 SliverList 와 SliverPadding 위젯을 사용해서 만들게 됩니다. thrifty_shopping_page.dart 파일을 열고 코드를 수정해 봅시다.

lib / screens / home / thrifty_shopping_page.dart

```
class ThriftyShoppingPage extends StatelessWidget {
  @override
  Widget build(BuildContext context) {
    return CustomScrollView(
      slivers: [
        // ❶
        SliverList(
          delegate: SliverChildListDelegate(
            [
              SizedBox(
                height: 120,
                child: Image.asset(
                  "assets/images/kurly_banner_1.jpg",
                  fit: BoxFit.fitWidth,
                ),
              ),
              Align(
                alignment: Alignment.bottomRight,
                child: SizedBox(
                  child: ProductFilterButton(),
```

```
            width: 100,
          ),
        )
      ],
    ),
  ),
  // ❷
  SliverPadding(
    padding: EdgeInsets.symmetric(horizontal: 16),
    sliver: SliverGrid(
      gridDelegate: SliverGridDelegateWithMaxCrossAxisExtent(
        maxCrossAxisExtent: 200.0,
        mainAxisSpacing: 30.0,
        crossAxisSpacing: 8.0,
        childAspectRatio: 0.6,
      ),
      delegate: SliverChildBuilderDelegate(
        (BuildContext context, int index) {
          return Stack(
            children: [
              ProductItem(
                product: productList[index],
              ),
              Positioned(
                bottom: 90,
                right: 10,
                child: CircleContainer(
                    iconPath: 'assets/icons/shopping-cart.svg'),
              )
            ],
          );
        },
        childCount: productList.length,
      ),
    ),
  )
    ],
  );
  }
}
```

❶ 단일 위젯의 경우 SliverToBoxAdapter를 사용하는 것이 좋습니다. 하지만 여기서는 여러 개의 자식 상자(위젯)을 만들 때 사용하는 SliverList를 사용합니다.

❷ 다른 Sliver 위젯의 측면에 패딩을 적용하는 Sliver입니다.

02 _ 7 상세보기 화면 만들기

해당 소스 코드는 https://github.com/flutter-coder/flutter-ui-book2/tree/master/market_ kurly_ui/market_kurly_ui_07에 공개되어 있습니다.

◆ 상세보기 화면

이번 장에서는 홈 화면 또 여러 화면에서 리스트 뷰 또는 그리드 뷰와 같은 아이템을(위젯)을 터치하였을 때 그 정보(객체)를 가지고 상세 화면으로 이동해서 사용하는 방법을 학습하겠습니다.

> **작업 순서**
>
> ❶ 상세 보기 화면 기본 코드 작성하기
> ❷ arguments 객체 만들기
> ❸ Body 위젯 완성하기

상세보기 화면 기본 코드 작성하기

◆ 상세보기 기본 화면

lib / screens / details 폴더에 details_screen.dart 파일과 components 폴더를 만들어 주세요.
components 폴더 아래 body.dart 파일도 생성해 줍니다.

◆ 기본 폴더 및 파일

❶ body.dart 파일 기본 코드 작성하기

먼저 앞서 생성한 body.dart 파일의 기본 코드를 작성하겠습니다.

```
class Body extends StatelessWidget {
  final Product product;
  // ❶
  const Body({Key? key, required this.product}) : super(key: key);


  @override
  Widget build(BuildContext context) {
    return Container(
      child: Center(
        // ❷
        child: Text(product.title ?? ""),
      ),
    );
  }
}
```

❶ 생성자의 인자 값으로 Product 객체를 넘겨받습니다.
❷ 데이터를 확인하기 위한 샘플 코드입니다.

❷ details_screen.dart 파일 기본 코드 작성하기

```
class DetailsScreen extends StatelessWidget {
  // ❶
  static String routeName = "/details";


  @override
  Widget build(BuildContext context) {
    return Scaffold(
      appBar: AppBar(
        iconTheme: const IconThemeData(color: Colors.black),
        backgroundColor: Colors.white,
        title: Text(
          "title",
          style: textTheme().subtitle1?.copyWith(color: Colors.black),
        ),
      ),
      // ❷
      body: Body(
        product: productList[0],
      ),
      // ❸
      bottomNavigationBar: SafeArea(
        // ❹
```

```
      child: Column(
        mainAxisSize: MainAxisSize.min,
        children: [
          // ❺
          Padding(
            padding: const EdgeInsets.symmetric(horizontal: 16),
            // ❻
            child: DefaultButton(
              text: "구매하기",
              color: kPrimaryColor,
              press: () {},
            ),
          )
        ],
      ),
    ),
  );
 }
}
```

❶ routes.dart 파일에 등록할 화면의 경로 이름입니다.

❷ 앞으로 작업할 상세 페이지 화면의 body 부분입니다. 추후 변경될 부분이라 임시 데이터를 넣어 두겠습니다.

❸ 여기에서 SafeArea는 하단에 노치 영역과 위젯 사이에 충분한 패딩을 주기 위해 사용합니다.

❹ 여기에서 Column은 bottomNavigationBar 크기에 제약을 주기 위해 사용합니다. Column이 없다면 bottomNavigationBar 영역이 화면을 꽉 채우게 됩니다.

❺ 위젯의 양쪽에 패딩을 추가합니다.

❻ 우리가 만들었던 DefaultButton 위젯을 사용합니다.

❷ routes.dart 파일에 등록하기

lib / routes.dart

```
final Map<String, WidgetBuilder> route = {
  SplashScreen.routeName : (context) => SplashScreen(),
  MainScreens.routeName : (context) => MainScreens(),
  SignInScreen.routeName : (context) => SignInScreen(),
  // ❶
  DetailsScreen.routeName : (context) => DetailsScreen()
};
```

❶ DetailsScreen 위젯에서 정의한 routeName 변수를 등록합니다.

arguments 객체 설정하기

화면을 이동할 때 데이터를 전달해야 하는 상황이 있습니다. 이유는 새로운 화면에서 전달받은 데이터를 사용해야 할 때입니다. 간단한 예를 들어 상세보기 화면의 AppBar 속성 title에 제목을 전달받은 값들로 표시해야 한다면 이전 화면에서 값을 받아 올 수 있습니다.

그럼 이런 값들을 어떻게 전달하고 받을 수 있을까요? 방법은 Navigator.pushNamed 메서드에 arguments 속성을 이용하는 것입니다. 그럼 이해를 돕기 위해 원시 코드를 확인해 봅시다.

```
static Future<T?> pushNamed<T extends Object?>(
    BuildContext context,
    String routeName, {
    Object? arguments,
  }) {
    return Navigator.of(context).pushNamed<T>(routeName, arguments: arguments);
  }
```

코드를 보면 간단히 필수 인자 값 BuildContext와 선택적 매개변수 routeName, arguments를 받아 Navigator 객체를 만들어 반환하는 형식입니다.

❶ ProductDetailsArguments 객체 만들기

arguments 속성에 들어갈 클래스를 먼저 만들어봅시다. lib / models 폴더에 product_details_arguments.dart 파일을 만들어 주고 다음과 같이 코딩해 봅시다.

lib / models / product_details_arguments.dart

```
class ProductDetailsArguments {
  final Product product;
  // ❶
  ProductDetailsArguments({required this.product});
}
```

❶ 멤버 변수 product를 만들고 생성자에 넘겨받을 수 있도록 합니다.

❷ arguments 객체 전달하기

재사용 위젯으로 만들었던 ProducItem 위젯에 화면 이동 기능을 추가하고 함께 arguments 객체도 전달해 봅시다. product_item.dart 파일을 열고 코드를 추가해 봅시다.

```
// … 생략
@override
  Widget build(BuildContext context) {
    return Column(
      crossAxisAlignment: CrossAxisAlignment.stretch,
      children: [
        Expanded(
          child: InkWell(
            onTap: () {
              // ❶
              Navigator.pushNamed(
                context,
                DetailsScreen.routeName,
                arguments: ProductDetailsArguments(product: product),
              );
            },
            child: Image.network(
              product.imageUrl ?? "assets/images/kurly_banner_0.jpg",
              fit: BoxFit.cover,
            ),
          ),
        ),
// … 생략
```

❶ Navigator 객체의 arguments 속성을 이용해 객체를 전달할 수 있습니다.

❸ arguments 객체 받기

DetailsScreen 위젯에서 객체를 전달받는 방법을 배워 보고 코드를 완성해 봅시다.

```
class DetailsScreen extends StatelessWidget {
  static String routeName = "/details";

  @override
  Widget build(BuildContext context) {
    // ❶
    final arguments =
        ModalRoute.of(context)!.settings.arguments as ProductDetailsArguments;

    return Scaffold(
      appBar: AppBar(
        iconTheme: const IconThemeData(color: Colors.black),
        backgroundColor: Colors.white,
        title: Text(
          "${arguments.product.title}",
          style: textTheme().subtitle1?.copyWith(color: Colors.black),
```

```
        ),
      ),
      // ❷
      body: Body(product: arguments.product),
      bottomNavigationBar: SafeArea(
        child: Column(
          mainAxisSize: MainAxisSize.min,
          children: [
            Padding(
              padding: const EdgeInsets.symmetric(horizontal: 16),
              child: DefaultButton(
                text: "구매하기",
                color: kPrimaryColor,
                press: () {},
              ),
            )
          ],
        ),
      ),
    );
  }
}
```

❶ 화면이 갱신될 때, 즉 build 메서드가 호출될 때 우리는 ModalRoute 객체를 이용해서 arguments 속성을 받을 수 있습니다. arguments의 타입이 Object? 이기 때문에 사용하기 위해서는 ProductDetailsArguments 객체로 데이터의 자료형을 변환해 주어야 합니다. flutter에서는 as 키워드로 형 변환할 수 있습니다.

❷ Body 위젯 안에 arguments로 전달받은 product 객체를 넘겨줍니다. DetailsScreen 위젯의 코드는 이게 전부입니다. 마지막으로 기본 코드만 입력했던 Body 위젯을 완성해 봅시다.

Body 위젯 완성하기

`lib / screens / details / body.dart`

```
import 'package:flutter/material.dart';
import '../../../models/product.dart';
import '../../../constants.dart';
import '../../../string_extensions.dart';

class Body extends StatelessWidget {
  final Product product;

  const Body({Key? key, required this.product}) : super(key: key);

  @override
  Widget build(BuildContext context) {
    return ListView(
```

```dart
        children: [
          Container(
            height: 500,
            child: Image.network(
              product.imageUrl ?? "",
              fit: BoxFit.cover,
            ),
          ),
          Padding(
            padding: const EdgeInsets.all(16),
            child: Column(
              crossAxisAlignment: CrossAxisAlignment.stretch,
              children: [
                Text(
                  product.title ?? "",
                  style: TextStyle(
                    fontSize: 20,
                    color: Colors.black,
                    fontWeight: FontWeight.bold,
                  ),
                ),
                const SizedBox(height: 8),
                Text("상세보기 화면 입니다.",
                    style: TextStyle(fontSize: 16, color: kTextColor)),
                const SizedBox(height: 16),
                Text(
                  "${product.price.toString().numberFormat()}원",
                  style: TextStyle(
                      fontSize: 20,
                      color: Colors.black,
                      fontWeight: FontWeight.bold),
                ),
                const SizedBox(height: 8),
                const Text(
                  "로그인 후, 적립혜택이 제공됩니다.",
                  style: TextStyle(fontSize: 16, color: kPrimaryColor),
                )
              ],
            ),
          ),
        ],
      );
    }
  }
```

02 _ 8 카테고리 화면 만들기

해당 소스 코드는 https://github.com/flutter-coder/flutter-ui-book2/tree/master/market_kurly_ui/market_kurly_ui_08에 공개되어 있습니다.

이번 장을 완료하면 아래와 같은 화면을 만들 수 있습니다.

◆ 카테고리 화면 1

◆ 카테고리 화면 2

위 그림은 프로젝트 카테고리 화면입니다. 여러 종류의 리스트 뷰가 하나의 화면에 동시에 존재할 때 Sliver 위젯을 사용하는 것이 좋습니다. 예를 들어 ListView, GridView 같은 위젯은 데이터에 크기에 따라 높이가 동적으로 결정됩니다. 동적으로 높이가 결정되는 위젯은 미리 높이를 지정하는 것이 어렵고 까다로울 수 있습니다. 이때 Sliver 위젯을 사용하게 되면 동적으로 들어오는 데이터에 따라 높이를 자동으로 결정해줍니다.

작업 순서

❶ 카테고리 화면 기본 코드 입력하기
❷ 모델 클래스 및 샘플 데이터 만들기
❸ SliverList 안에 들어갈 ExtendsIconTextCard 위젯 만들기
❹ SliverGrid 안에 들어갈 ImageTextCard 위젯 만들기
❺ 카테고리 화면 완성하기

카테고리 화면 기본 코드 입력하기

lib / screens / components 폴더에 재사용 위젯으로 만들었던 TextMenuCard를 사용해 만들어보 겠습니다. 앱 뼈대 만들기에서 만들었던 lib / screens / category 폴더에 category_screen.dart 파 일을 열고 코드를 입력해 봅시다.

lib / screens / category / category_screen.dart

```
class CategoryScreen extends StatelessWidget {
  @override
  Widget build(BuildContext context) {
    return Scaffold(
      appBar: AppBar(
        title: Text("카테고리"),
        actions: [CustomActions()],
        automaticallyImplyLeading: false,
      ),
      body: CustomScrollView(
        slivers: [
          // ❶
          SliverPadding(
            padding: const EdgeInsets.symmetric(vertical: 12),
            // ❷
            sliver: SliverToBoxAdapter(
              child: SizedBox(
                // ❸
```

```
            height: 60,
            // ❹
            child: TextMenuCard(
              title: "자주 사는 상품",
              icon: "assets/icons/right-arrow.svg",
              textColor: kPrimaryColor,
              iconColor: kPrimaryColor,
              press: () {},
            ),
          ),
        ),
      ),
      // ❺
      // SliverList
      // ❻
      // SliverGrid
    ],
  ),
);
    }
}
```

❶ slivers 안에 패딩을 줄 때 SliverPadding 사용해야 합니다. 상단과 하단에 패딩을 주기 위해 사용합니다.

❷ CustomScrollView 안에 단일 위젯을 생성할 때는 SliverToBoxAdapter 위젯을 사용하는 게 좋습니다.

❸ 자식 위젯(TextMenuCard) 위젯의 크기를 제한합니다.

❹ 우리가 만들었던 TextMenuCard 위젯을 활용하고 속성들의 값을 지정하였습니다.

❺ 곧 만들게 될 위젯들이 SliverList 들어오게 됩니다.

❻ 곧 만들게 될 위젯들이 SliverGrid에 들어오게 됩니다.

모델 클래스 및 샘플 데이터 만들기

카테고리 화면에서는 두 개의 모델 클래스와 샘플 데이터가 필요합니다. SliverList 안에 들어갈 모델 클래스 ListCategoryMenu와 SliverGrid 안에 들어갈 모델 클래스 GridCategoryMenu 클래스를 만들어 봅시다.

❶ ListCategoryMenu 클래스 및 샘플 데이터 만들기

SliverList 안에 사용될 위젯의 모델 클래스와 임시 데이터를 만들어보겠습니다.

lib / models 폴더 아래 list_category_menu.dart 파일을 만들어 주세요.

```
class ListCategoryMenu {
  String icon;
  String title;

  ListCategoryMenu({required this.icon, required this.title});
}
// 샘플 데이터
List listCategoryMenuList = [
  ListCategoryMenu(icon: "assets/icons/carrot.svg", title: "채소",),
  ListCategoryMenu(icon: "assets/icons/apple.svg", title: "과일·견과·쌀",),
  ListCategoryMenu(icon: "assets/icons/fish.svg", title: "수산·해산·건어물",),
  ListCategoryMenu(icon: "assets/icons/egg.svg", title: "정육·계란",),
  ListCategoryMenu(icon: "assets/icons/cook.svg", title: "국·반찬·메인요리",),
  ListCategoryMenu(icon: "assets/icons/salad.svg", title: "쌜러드·간편식",),
  ListCategoryMenu(icon: "assets/icons/noddles-in-box.svg", title: "면·양념·오일",),
  ListCategoryMenu(icon: "assets/icons/glass-of-water.svg", title: "생수·음료",),
  ListCategoryMenu(icon: "assets/icons/pizza.svg", title: "간식·과자·떡",)
];
```

❷ GridCategoryMenu 클래스 및 샘플 데이터 만들기

SliverGrid 안에 들어가 위젯의 모델 클래스와 임시 데이터를 만들어보겠습니다.

lib / models 폴더 아래 grid_category_menu.dart 파일을 만들어 주세요.

```
class GridCategoryMenu {
  String title;
  String image;

  GridCategoryMenu({required this.title, required this.image});
}
// 샘플 데이터
List gridCategoryMenuList = [
  GridCategoryMenu(title: "식단관리", image : "assets/images/food_0.png"),
  GridCategoryMenu(title: "간편한 아침 식사", image : "assets/images/food_1.png"),
  GridCategoryMenu(title: "재구매 BEST", image : "assets/images/food_2.png"),
  GridCategoryMenu(title: "베이커리", image : "assets/images/food_3.png"),
  GridCategoryMenu(title: "컬리마트", image : "assets/images/food_4.png"),
  GridCategoryMenu(title: "반찬가게", image : "assets/images/food_5.png"),
];
```

SliverList 안에 들어갈 ExtendsIconTextCard 위젯 만들기

◆ ExtendsIconTextCard 1   ◆ ExtendsIconTextCard 2

카테고리 화면에 리스트 형식의 메뉴 위젯입니다. 사용자가 화살표를 눌렀을 경우 간단한 애니메이션 기능을 이용해서 파란색으로 표시한 컨테이너 영역을 확장 시켜 보는 방법도 알아봅시다.

lib / screens / category / components 폴더를 만들고 extends_icon_text_card.dart 파일을 생성해 주세요.

lib / screens / category / components / extends_icon_text_card.dart

```dart
// ❶
class ExtendsIconTextCard extends StatefulWidget {
  final ListCategoryMenu item;
  const ExtendsIconTextCard({Key? key, required this.item}) : super(key: key);
  @override
  _ExtendsIconTextCardState createState() => _ExtendsIconTextCardState(item);
}

class _ExtendsIconTextCardState extends State<ExtendsIconTextCard> {
  // ❷
  _ExtendsIconTextCardState(this.item);
  // ❸
  final ListCategoryMenu item;
  // ❹
  bool isShow = false;
  // ❺
  void toggle() {
```

```
    setState(() {
      isShow = !isShow;
    });
  }


  @override
  Widget build(BuildContext context) {
    return Card(
      elevation: 0,
      margin: EdgeInsets.zero,
      child: Column(
        mainAxisSize: MainAxisSize.max,
        children: [
          Padding(
            padding: const EdgeInsets.symmetric(horizontal: 12),
            child: Row(
              mainAxisAlignment: MainAxisAlignment.spaceAround,
              children: [
                const SizedBox(width: 8),
                SizedBox(
                  height: 30,
                  width: 30,
                  child: SvgPicture.asset(item.icon),
                ),
                const SizedBox(width: 15),
                Text(item.title),
                const Spacer(),
                SizedBox(
                  width: 30,
                  child: IconButton(
                    // ❻
                    onPressed: () {
                      toggle();
                    },
                    icon: SvgPicture.asset(
                      "assets/icons/down-arrow.svg",
                      color: Colors.grey,
                    ),
                  ),
                ),
              ],
            ),
          ),
          // ❼
          AnimatedContainer(
            duration: const Duration(milliseconds: 350),
            curve: Curves.fastOutSlowIn,
            height: isShow ? 100 : 0,
            decoration: BoxDecoration(color: Colors.blue[200]),
            child: Center(child: Text("${item.title}")),
```

```
            )
        ],
      ),
    );
  }
}
```

❶ StatefullWidget도 생성자를 만들고 데이터를 넘겨받을 수 있습니다. StatelessWidget과 마찬가지로 멤버 변수를 선언하고 생성자에 등록하고 State를 상속하는 Object에게 넘겨줄 수 있습니다.

❷ State를 상속받는 객체에서도 생성자를 만들어 주고 StatefulWidget에서 넘겨받은 데이터를 멤버 변수로 지정해 주세요.

❸ 모델 클래스에 만들었던 ListCategoryMenu 클래스 타입의 변수를 선언합니다.

❹ 확장될 컨테이너의 현재 상태를 저장할 변수입니다.

❺ setState() 메서드를 이용해서 isShow 변수의 값을 변경하는 메서드입니다.

❻ 사용자가 아이콘 버튼을 눌렀을 경우 toggle() 메서드를 실행합니다.

❼ Flutter에서는 애니메이션 기능을 아주 간단하게 만들 수 있습니다. 여기서는 AnimatedContainer 위젯을 이용해서 duration, curve 속성의 정의합니다. duration 속성은 애니메이션의 완료될 때 가지의 시간을 정의하고 curve 물리적인 속도를 정의할 수 있습니다.

SliverGrid 안에 들어갈 ImageTextCard 위젯 만들기

◆ ImageTextCard 위젯

위 그림처럼 SliverGrid 안에 들어갈 아이템들을 Card 위젯을 활용해서 만들어봅시다.

lib / screens / category / components 폴더 아래 image_text_card.dart 파일을 만들어 주세요.

```dart
class ImageTextCard extends StatelessWidget {
  final GridCategoryMenu item;

  ImageTextCard({required this.item});

  @override
  Widget build(BuildContext context) {
    return Card(
      shadowColor: Colors.black,
      elevation: 1,
      // ❶
      shape: RoundedRectangleBorder(borderRadius: BorderRadius.circular(0.0)),
      // ❷
      margin: EdgeInsets.zero,
      child: Column(
        children: [
          // ❸
          Expanded(
            flex: 3,
            child: Container(
              decoration: BoxDecoration(
                image: DecorationImage(
                    image: AssetImage(item.image), fit: BoxFit.cover),
              ),
            ),
          ),
          // ❹
          Expanded(
            flex: 1,
            child: Align(
              alignment: Alignment.centerLeft,
              child: Padding(
                padding: const EdgeInsets.only(left: 8.0),
                child: Text(
                  item.title,
                  style: TextStyle(fontSize: 13),
                ),
              ),
            ),
          )
        ],
      ),
    );
  }
}
```

❶ Card 위젯의 기본 라운드 처리된 모양을 제거합니다.

❷ Card 위젯이 기본 margin 값을 0으로 처리합니다.

❸ 이미지 영역으로 표시할 부분에 Expanded 위젯의 flex 속성을 3으로 정의합니다.

❹ 텍스트로 표시할 부분에 Expanded 위젯의 flex 속성을 1로 정의합니다. Card 위젯은 기본적으로 자식 위젯의 크기에 따라 카드 위젯의 크기가 결정되지만 우리는 자식 위젯도 크기를 고정된 크기로 정하지 않았습니다. 이유는 사용하는 부모 위젯에서 크기에 제약을 설정할 수 있게 하기 위함입니다. 그리고 Card 위젯의 기본 라운드 처리된 모양을 제거합니다.

카테고리 화면 완성하기

기본 코드만 입력했던 CategoryScreen에서 Sliver 위젯들을 활용해서 완성해 봅시다.

```
lib / screens / category / category_screen.dart
class CategoryScreen extends StatelessWidget {
  @override
  Widget build(BuildContext context) {
    return Scaffold(
      appBar: AppBar(
        title: Text("카테고리"),
        automaticallyImplyLeading: false,
        actions: [CustomActions()],
      ),
      body: CustomScrollView(
        slivers: [
          SliverToBoxAdapter(
            child: Divider(height: 12, color: Colors.grey[200], thickness: 12),
          ), // end of SliverToBoxAdapter
          SliverToBoxAdapter(
            child: SizedBox(
              height: 55,
              child: TextMenuCard(
                title: "자주 사는 상품",
                icon: "assets/icons/right-arrow.svg",
                textColor: kPrimaryColor,
                iconColor: kPrimaryColor,
                press: () {},
              ),
            ),
          ),
          SliverToBoxAdapter(
            child: Divider(height: 12, color: Colors.grey[200], thickness: 12),
          ),
          // ❶
          SliverList(
            delegate: SliverChildListDelegate(
              // ❷
              List.generate(
```

```
                    listCategoryMenuList.length,
                    (index) => ExtendsIconTextCard(
                        item: listCategoryMenuList[index],
                    ))
                ),
            ),
            SliverToBoxAdapter(
                child: Divider(height: 12, color: Colors.grey[200], thickness: 12),
            ),
            SliverPadding(
                padding: const EdgeInsets.fromLTRB(20, 40, 0, 20),
                sliver: SliverToBoxAdapter(
                    child: Text(
                        "컬리의 추천",
                        style: textTheme().headline2,
                    ),
                ),
            ),
            SliverPadding(
                padding: EdgeInsets.only(left: 16, right: 16, bottom: 40),
                // ❸
                sliver: SliverGrid(
                    gridDelegate: SliverGridDelegateWithMaxCrossAxisExtent(
                        maxCrossAxisExtent: 200.0,
                        mainAxisSpacing: 16.0,
                        crossAxisSpacing: 10,
                        // ❹
                        childAspectRatio: 1,
                    ),
                    delegate: SliverChildBuilderDelegate(
                        (BuildContext context, int index) {
                            // ❺
                            return ImageTextCard(
                                item: gridCategoryMenuList[index],
                            );
                        },
                        // ❻
                        childCount: gridCategoryMenuList.length,
                    ),
                ),
            ),
        ],
    ),
  );
 }
}
```

❶ 하나의 위젯이 아닌 여러 개의 위젯이 필요할 때 SliverList 위젯을 활용할 수 있습니다.
❷ List의 map 함수 활용해서 우리가 정의한 ExtendsIconTextCard 위젯을 담은 List를 만들어 낼 수 있습니다.
❸ slivers 안에 그리드 형식의 위젯을 만들 때 SliverGrid 사용할 수 있습니다. 사용법은 일반 Grid 위젯과 같습니다.
❹ SliverGrid 안에 위젯의 크기를 1 : 1 비율로 설정합니다.
❺ 우리가 정의한 ImageTextCard 위젯입니다.
❻ SliverGrid 안에 들어갈 위젯의 총개수입니다.

02 _ 9 검색화면 만들기

해당 소스 코드는 https://github.com/flutter-coder/flutter-ui-book2/tree/master/market_
kurly_ui/market_kurly_ui_09에 공개되어 있습니다.

이번 장을 완료하면 아래와 같은 화면을 만들 수 있습니다.

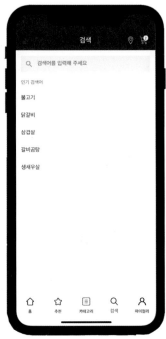

◆ 검색 화면

검색 화면은 많은 앱에서 사용되는 화면 구성입니다. 일반적으로 사용자가 텍스트를 입력할 때와 아
닌 상태에 따라 위젯을 다르게 표현해 줘야 할 때가 있습니다. 우리는 FocusNode 위젯을 사용해서
텍스트 필드의 현재 Focus 상태를 확인하는 방법을 배우고 그것을 활용해 위젯을 꾸미는 방법을 배
워 봅시다.

❶ 검색화면 기본 코드 입력하기
❷ DefaultSearchField 위젯 만들기
❸ SearchScreen 위젯 완성하기

검색화면 기본 코드 입력하기

앱 뼈대 만들기에서 작성했던 SearchScreen 위젯의 코드를 수정하겠습니다.

search_screen.dart 파일을 열고 다음과 같이 코드를 입력해 주세요.

lib / screens / search / search_screen.dart

```
class SearchScreen extends StatelessWidget {
  @override
  Widget build(BuildContext context) {
    return Scaffold(
      appBar: AppBar(
        title: Text("검색"),
        actions: [CustomActions()],
        automaticallyImplyLeading: false,
      ),
      body: ListView(
```

```
        children: [
          // ①
          // DefaultSearchField
          const SizedBox(height: 20),
          Text("인기 검색어", style: TextStyle(color: kTextColor)),
          // ②
          // ListView.separated
        ],
      ),
    );
  }
}
```

❶ TextField 위젯을 활용해서 우리가 만들 DefaultSearchField 위젯입니다.
❷ ListView.separated 위젯을 활용한 Text 위젯을 만들게 됩니다.

DefaultSearchField 위젯 만들기

◆ DefaultSearchField 1   ◆ DefaultSearchField 2

StatefulWidget은 가능한 범위를 작게(즉, 필요한 부분만 StatefulWidget으로) 만드는 것이 성능에 있어 좋습니다. TextField 위젯과 FocusNode를 활용해서 DefaultSearchField 위젯을 만들어봅시다.

lib / screens / search 폴더 아래 components 폴더를 생성하고 default_search_field.dart 파일을 만들어 주세요.

```dart
class DefaultSearchField extends StatefulWidget {
  @override
  _DefaultSearchFieldState createState() => _DefaultSearchFieldState();
}

class _DefaultSearchFieldState extends State<DefaultSearchField> {
  // ❶
  FocusNode _focusNode = FocusNode();
  // ❷
  bool isFocus = false;
  @override
  void initState() {
    super.initState();
    // ❸
    SystemChannels.textInput.invokeMethod('TextInput.hide');
    // ❹
    _focusNode.addListener(() {
      _onFocusChange();
    });
  }
  // ❺
  void _onFocusChange() {
    setState(() {
      isFocus = !isFocus;
    });
  }
  // ❻
  void _unFocus() {
    _focusNode.unfocus();
  }

  @override
  Widget build(BuildContext context) {
    return Row(
      children: [
        Expanded(
          child: TextField(
            // ❼
            focusNode: _focusNode,
            decoration: InputDecoration(
              border: InputBorder.none,
```

```
                filled: true,
                fillColor: Colors.grey[100],
                hintText: "검색어를 입력해 주세요",
                prefixIcon: Icon(
                  Icons.search,
                  color: Colors.grey,
                ),
              ),
            ),
          ),
        ),
        Container(
          // ❽
          width: isFocus ? 50 : 0,
          // ❾
          child: isFocus
              ? Center(
                  child: GestureDetector(
                    onTap: _unFocus,
                    child: Text(
                      "취소",
                      style: TextStyle(fontSize: 16),
                    ),
                  ),
                )
              : SizedBox(),
        )
      ],
    );
  }
}
```

❶ FocusNode 클래스는 StatefulWidget 위젯에서 키보드의 focus 상태를 얻고 키보드 이벤트를 처리하는 데 사용할 수 있는 개체입니다.

❷ FocusNode의 상태를 저장하기 위한 변수입니다.

❸ Flutter에서 키보드를 해제하는 방법입니다. 키보드가 활성화된 상태에서 앱이 종료되거나 전화가 왔을 때처럼 TextFormField의 focus 된 상태를 제거하고 사용하지 않는 FocusNode를 제공해서 키보드를 종료할 수 있습니다.

❹ FucusNode에 이벤트 리스너를 추가합니다.

❺ FucusNode에 이벤트 리스너가 동작할 때 실행시키는 함수를 만들어 줍니다.

❻ Text(취소)를 사용자가 눌렀을 때 focus 된 상태를 제거하기 위한 함수를 만들어 줍니다.

❼ 텍스트 필드 focusNode 속성에 우리가 만들었던 FocusNode을 등록합니다.

❽ 컨테이너의 크기를 focus 된 상태에 따라 정의할 수 있습니다.

❾ 자식 위젯을 focus 된 상태에 따라 Text 위젯과 SizedBox 위젯을 만들어 줍니다. Text 위젯에 GestureDetector 위젯을 감싸 onTap 속성에 _unFocus 함수를 연결합니다.

SearchScreen 위젯 완성하기

```dart
class SearchScreen extends StatelessWidget {
  // ❶
  final List searchKeyword = ["불고기", "닭갈비", "삼겹살", "갈비곰탕", "생새우살"];


  @override
  Widget build(BuildContext context) {
    return Scaffold(
      appBar: AppBar(
        title: Text("검색"),
        actions: [CustomActions()],
        automaticallyImplyLeading: false,
      ),
      body: Padding(
        padding: const EdgeInsets.all(16.0),
        child: ListView(
          children: [
            // ❷
            DefaultSearchField(),
            const SizedBox(height: 20),
            Text("인기 검색어", style: TextStyle(color: kTextColor)),
            // ❸
            Container(
              padding: EdgeInsets.symmetric(vertical: 10),
              height: 400,
              child: ListView.separated(
                itemBuilder: (context, index) => Container(
                  child: SizedBox(
                    height: 50,
                    child: Align(
                      alignment: Alignment.centerLeft,
                      child: Text(
                        searchKeyword[index],
                        style: TextStyle(color: kPrimaryColor, fontSize: 16),
                      ),
                    ),
                  ),
                ),
                separatorBuilder: (context, index) => Divider(
                  thickness: 0.5,
                  height: 0,
                ),
                itemCount: searchKeyword.length,
              ),
```

```
                )
              ],
            ),
          ), // end of Padding
        );
    }
  }
```

❶ ListView.separated 위젯 안에 사용될 텍스트 위젯의 샘플 데이터입니다.

❷ 우리가 만들었던 DefaultSearchField 위젯입니다.

❸ Container 위젯의 height 값을 400으로 지정합니다. ListView.separated의 영역, 스크롤 가능 영역의 크기를 정의해서 사용할 수 있습니다.

02 _ 10 추천화면 만들기

해당 소스 코드는 https://github.com/flutter-coder/flutter-ui-book2/tree/master/market_kurly_ui/market_kurly_ui_10에 공개되어 있습니다.

이번 장을 완료하면 아래와 같은 화면을 만들 수 있습니다.

◆ 추천 화면

이 프로젝트 앱의 마지막 화면입니다. 우리는 앞서 만들었던 ProductItem 위젯을 활용해서 수평 방향으로 스크롤 되는 위젯들을 만들어보고 기존에 각각의 ProductItem 위젯을 사용자가 눌렀을 때 상세보기 화면으로 이동하기 기능을 막는 방법도 알아봅시다.

작업 순서

❶ 추천 화면 기본 코드 입력하기
❷ StackProductItem 위젯 만들기
❸ CardProductItem 위젯 만들기
❹ 추천 화면 완성하기

추천 화면 기본 코드 입력하기

앞서 말한 바와 같이 상대적으로 복잡한 위젯들로 구성이 된 화면을 만들어야 할 때는 가장 틀 이 되는 레이아웃 구조부터 명시적으로 코딩을 하고 작업하는 것이 도움이 될 수 있습니다. 우리는 최 상단에 수직으로 스크롤 되어야 하는 화면을 만들어야 하기에 body 영역 최상단에 ListView 위 젯으로 만들어 주겠습니다. 먼저 앱 뼈대 만들기에서 작업했던 lib / screens / recommend / recommend_screen.dart 파일을 열고 코드를 수정해 보겠습니다.

```
class RecommendScreen extends StatelessWidget {
  @override
  Widget build(BuildContext context) {
    return Scaffold(
      appBar: AppBar(
        title: Text("추천"),
        automaticallyImplyLeading: false,
      ),
      body: ListView(
        children: [
          const SizedBox(height: 20),
          Padding(
            padding: const EdgeInsets.only(left: 16),
            child: Text(
              "베이커리 인기 급상승 랭킹",
              style: textTheme().headline1,
            ),
          ),
          const SizedBox(height: 15),
          // ❶
          Container(
            color: Colors.orange[100],
            height: 270,
            child: Center(child: Text("수평 스크롤 영역 1")),
          ),
          const SizedBox(height: 20),
          Padding(
            padding: const EdgeInsets.only(left: 16.0),
            child: Text("후기가 좋은 상품", style: textTheme().headline1),
          ),
          const SizedBox(height: 15),
          // ❷
          Container(
            height: 360,
            color: Colors.red[100],
            child: Center(
              child: Text("수평 스크롤 영역 2"),
            ),
          )
        ],
      ),
    );
  }
}
```

❶ 수평 방향으로 스크롤 되는 영역의 높이 크기를 지정하였습니다. 이후에 우리가 만든 위젯 ProductItem 위젯을 활용해서 코드를 완성해 볼 예정입니다.

❷ 높이 영역의 크기를 Container 위젯을 활용해서 지정합니다. 물론 SizedBox 위젯을 사용해도 되지만 color 속성을 사용하기 위해서 Container를 사용합니다.

StackProductItem 위젯 만들기

◆ SatckProductItem 위젯

Stack 위젯을 활용해서 우리가 만든 ProductItem 위젯 위에 새로운 위젯들을 추가합니다. 그리고 ProductItem의 이미지를 사용자가 터치했을 때 동작하는 화면 전환 기능도 특정 상황에서는 동작하지 못하게 할 필요가 있습니다. 아래 예제는 특정 상황에서는 터치에 반응하지 않게 하는 코드입니다.

lib / screens / recommend 에 components 폴더를 만들고 stack_product_item.dart 파일을 만들어 주세요.

```
lib / screens / recommend / components / stack_product_item.dart

class StackProductItem extends StatelessWidget {
  // ❶
  final double width;
  final Product item;
  final int number;

  const StackProductItem({
    Key? key,
    required this.width,
    required this.item,
    required this.number,
  }) : super(key: key);

  @override
  Widget build(BuildContext context) {
```

```
    return Container(
      width: width,
      padding: const EdgeInsets.only(left: 10),
      // ❷
      child: Stack(
        children: [
          ProductItem(product: item),
          Positioned(
            left: 10,
            bottom: 80,
            child: Text(
              "$number",
              style: TextStyle(fontSize: 40, color: Colors.white),
            ),
          ),
          Positioned(
            right: 10,
            bottom: 85,
            child: CircleContainer(iconPath: "assets/icons/star.svg"),
          ),
          // ❸
          number == 1
              ? Container(
                  height: 190,
                  decoration: BoxDecoration(
                    color: Color.fromRGBO(0, 0, 0, 0.5),
                  ),
                  child: Center(
                    child: Text(
                      "Coming Soon",
                      style: TextStyle(
                        fontSize: 16,
                        color: Colors.white,
                      ),
                    ),
                  ),
                )
              : SizedBox()
        ],
      ),
    );
  }
}
```

❶ Container 위젯의 가로 크기를 지정하지 않고 사용하는 부모의 위젯에서 가로 크기를 정할 수 있게 합니다.

❷ 우리가 만든 ProductItem에 Stack 위젯을 활용합니다.

❸ 삼항 연산자를 사용해서 위젯을 구분 지어 만들었습니다. 여기서는 number == 1일 때 투명도를 사용한 Container 위젯으로 이미지 영역을 덮기 때문에 아래에 있는 InkWell 위젯의 onTap 동작을 막을 수 있습니다.

CardProductItem 위젯 만들기

◆ CardProductItem 위젯

두 번째 수평 스크롤 영역에 들어갈 위젯을 만들어봅시다. lib / screens / recommend / components 폴더에 card_prodcut_item.dart 파일을 만들어 주세요.

lib / screens / recommend / components / card_product_item.dart

```
class CardProductItem extends StatelessWidget {
  final Product item;

  const CardProductItem({
    Key? key,
    required this.item,
  }) : super(key: key);
  @override
  Widget build(BuildContext context) {
    // ❶
    return Card(
      elevation: 1,
      margin: EdgeInsets.only(left: 16),
      child: Column(
        mainAxisSize: MainAxisSize.max,
        crossAxisAlignment: CrossAxisAlignment.stretch,
        children: [
          // ❷
```

```
Expanded(
  child: ProductItem(
    product: item,
    lineChange: true,
    textContainerHeight: 50,
  ),
),
// ❸
Container(
  height: 80,
  decoration: BoxDecoration(
    border: Border(
      top: BorderSide(width: 1.0, color: Color(0xFFF5F5F5)),
    ),
  ),
  child: Padding(
    padding: EdgeInsets.symmetric(horizontal: 10),
    child: Center(
      child: Text(
        "이렇게 치즈가 가득한 돈까스를 집에서 먹으니 좋네요."
        "에어프라이어에 돌리니 간편하고 맛있어요",
        textAlign: TextAlign.center,
        // ❹
        maxLines: 2,
        overflow: TextOverflow.ellipsis,
      ),
    ),
  ),
),
      ],
    ),
  );
  }
}
```

❶ elevation 속성과 모서리의 라운드 효과 그리고 margin 속성을 사용하기 위해 Card 위젯을 사용합니다.

❷ Expanded 위젯은 ProductItem 위젯을 부모 위젯이 Column인 것을 확인하고 형제 위젯 Container 위젯의 height 값을 제외하고 남은 공간만큼 세로 방향으로 확장 시킵니다. 하지만 CardProductItem 최상단 부모 위젯도 Card 위젯이기 때문에 현재 높이와 넓이의 크기 제약이 없습니다. 그래서 이 위젯을 사용하게 될 부모 위젯에서 높이와 넓이의 값을 지정해 주어야 정상적으로 위젯을 만들어 낼 수 있습니다.

❸ Container 위젯으로 텍스트가 표시될 height 값을 지정해 줍니다.

❹ 글자의 최대 line 수를 2로 지정하고 이 위젯의 width 크기보다 글자가 넘칠 때 TextOverflow.ellipsis 속성을 사용하겠습니다.

추천 화면 완성하기

recommend_screen.dart 파일을 열고 다음과 같이 코드를 완성해 봅시다.

```dart
class RecommendScreen extends StatelessWidget {
  @override
  Widget build(BuildContext context) {
    return Scaffold(
      appBar: AppBar(
        title: Text("추천"),
        automaticallyImplyLeading: false,
      ),
      body: ListView(
        children: [
          const SizedBox(height: 20),
          Padding(
            padding: const EdgeInsets.only(left: 16),
            child: Text(
              "베이커리 인기 급상승 랭킹",
              style: textTheme().headline1,
            ),
          ),
          const SizedBox(height: 15),
          Container(
            height: 270,
            child: ListView.builder(
              scrollDirection: Axis.horizontal,
              itemBuilder: (context, index) => StackProductItem(
                width: 160,
                item: productList[index],
                number: index + 1,
              ),
              itemCount: productList.length,
            ),
          ), // end of Container
          const SizedBox(height: 20),
          Padding(
            padding: const EdgeInsets.only(left: 16.0),
            child: Text("후기가 좋은 상품", style: textTheme().headline1),
          ),
          const SizedBox(height: 15),
          Container(
            height: 360,
            child: ListView.builder(
              padding: const EdgeInsets.only(bottom: 40),
```

```
            scrollDirection: Axis.horizontal,
            // ❶
            itemBuilder: (context, index) => SizedBox(
              width: 320,
              child: CardProductItem(
                item: productList[index],
              ),
            ),
            itemCount: productList.length,
          ),
        ) // end of Container
      ],
    ),
  );
  }
}
```

❶ CardProductItem 위젯은 Expanded 위젯을 감싼 Card 위젯이기 때문에 width, hegith 값을 지정해 줄 필요가 있습니다. SizedBox 위젯으로 width 값을 지정하고 ListView.builder 높이 크기만큼 세로로 확장하게 됩니다.

F lutter project

## CHAPTER 03

모두의플레이 UI 만들어보기

이번 장에서는 OTT 서비스 앱인 모두의플레이 UI를 만들어보겠습니다. UI 작성 난이도가 상당히 높지만 하나씩 하나씩 진행하다 보면 어느새 완성된 UI를 보실 수 있습니다.

[앱 미리보기] 모두의플레이 앱 구조 살펴보기

모든 소스 코드는 https://github.com/flutter-coder/flutter-ui-book2 에 공개되어 있습니다.

◆ 스플래시 화면

◆ 프로필 선택 화면

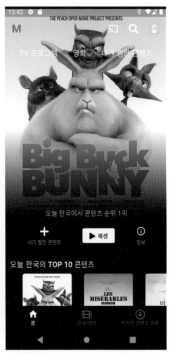

◆ 홈 화면

◆ 홈 영상 정보 화면

◆ 상세정보 화면

◆ 공개 예정 화면

◆ 저장된 콘텐츠 목록 화면

03 _ 1 앱 뼈대 만들기

해당 소스 코드는 https://github.com/flutter-coder/flutter-ui-book2/tree/master/netflix_ui/netflix_ui_01 에 공개되어 있습니다.

프로젝트를 만들어 주세요. 이름은 netflix_ui 로 하겠습니다.

작업 순서

❶ 폴더 만들기
❷ 프로젝트 전체에서 사용할 기본 파일 만들기
❸ pubspec.yaml 파일 설정하기
❹ 프로젝트에 사용할 아이콘 및 이미지 추가하기

폴더 만들기

앱 뼈대가 될 폴더를 만들어 봅니다. 아래와 같은 구조로 먼저 만들어 주세요.

```
lib
  - models  // 화면에 필요한 샘플 데이터와 데이터 모델 클래스 관리 폴더
  - screens  // 6개의 화면이 모여있는 폴더
    - coming  // 공개 예정 화면에 사용될 위젯 모음 폴더
    - contents_list  // 저장된 콘텐츠 목록 화면에 사용될 위젯 모음 폴더
    - detail  // 영상 회차 및 상세정보 화면에 사용될 위젯 모음 폴더
    - home  // 홈 화면에 사용될 위젯 모음 폴더
    - profile  // 프로필 선택 화면에 사용될 위젯 모음 폴더
    - splash  // 스플래시 화면에 사용될 위젯 모음 폴더
main.dart
```

◆ 폴더 구조

프로젝트 전체에서 사용할 기본 파일 만들기

앱 뼈대가 될 파일들을 만들어 봅니다. 다음과 같이 파일들을 먼저 만들어 주세요.

```
lib
  - models
  - screens
    - coming
    - contents_list
    - detail
    - home
    - profile
    - splash
    main_screens.dart
constants.dart
main.dart
routes.dart
theme.dart
```

◆ 기본 파일 구조

pubspec.yaml 파일 설정하기

이번 프로젝트 앱에서도 Dart SDK 버전은 nullsafety 가 적용되어야 합니다. 먼저 pubspec.yaml 파일에서 Dart 버전을 꼭 확인해 주세요.

```
environment: sdk :">=2.12.0 <3.0.0"
```

다음과 같은 라이브러리도 필요합니다.

```
font_awesome_flutter : 아이콘 관련 라이브러리
flutter_svg : svg 파일 라이브러리
video_player : 동영상 플레이어 라이브러리
chewie : 동영상 플레이어 라이브러리
```

❷ pubspec.yaml 파일에 사용 할 라이브러리 추가하기

cupertino_icons : 밑에 우리가 사용할 라이브러리들을 등록해 주세요.

```
# The following adds the Cupertino Icons font to your application.
# Use with the CupertinoIcons class for iOS style icons.
cupertino_icons: ^1.0.2
font_awesome_flutter: ^9.0.0
flutter_svg: ^0.21.0+1
video_player: ^2.1.1
chewie: ^1.0.0
```

❷ pubspec.yaml 파일에 자산 관리 폴더 등록하기 (이미지 및 아이콘 모음 폴더)

```
# To add assets to your application, add an assets section, like this:
assets:
  - assets/images/
```

◆ 완성된 pubspec.yaml 파일 모습

yaml 파일은 엄격한 규칙이 있는 파일입니다. 띄어쓰기를 잘못할 경우 오류가 발생하니 간격을 잘 확인해 주세요. 상단에 보이는 pub get 부분을 꼭 실행 합시다.

❸ 리소스 폴더 생성하기

```
netflix_ui
  - assets // 리소스 최상위 폴더
    - images // 이미지 파일 관리 폴더
  ...
  - lib
```

◆ 완성된 리소스 폴더 모습

프로젝트에 사용할 아이콘 및 이미지 추가하기

이 책은 각 장마다 완성된 소스를 제공합니다. 이번 프로젝트 앱에는 기본 이미지 파일들이 필요합니다. https://github.com/flutter-coder/flutter-ui-book2/tree/master/netflix_ui/netflix_ui_01 에서 이미지 파일을 다운 받아 추가주세요.

◆ 이미지 파일

03 _ 2 스플래시 화면 만들기

해당 소스 코드는 https://github.com/flutter-coder/flutter-ui-book2/tree/master/netflix_ui/netflix_ui_02 에 공개되어 있습니다.

◆ 스플래시 완성 화면

이번 장에서는 스플래시 화면을 만들기 위한 사전 작업과 함께 위젯들을 만들어보겠습니다.

작업 순서

❶ splash_screen.dart 파일 기본 코드 작성

❷ main_screens.dart 파일 기본 코드 작성

❸ routes.dart 파일 코드 작성

❹ constants.dart 파일 코드 작성

❺ theme.dart 파일 코드 작성

❻ main.dart 파일 코드 작성

❼ splash_screen.dart 파일 완성하기

splash_screen.dart 파일 기본코드 작성

lib / screens / splash / 폴더에 splash_screen.dart 파일을 만들고 샘플 코드를 작성해 봅시다.

lib / screens / splash / splash_screen.dart

```dart
import 'package:flutter/material.dart';

class SplashScreen extends StatelessWidget {
  static String routeName = "/splash";

  @override
  Widget build(BuildContext context) {
    return Container(
      child: Center(
        child: Text("SplashScreen"),
      ),
    );
  }
}
```

profile_screen.dart 기본코드 작성

스플래시 화면에서 일정 시간 후 이동하게 될 프로필 선택 화면입니다.

lib / screens / profile_screen.dart

```dart
import 'package:flutter/material.dart';

class ProfileScreen extends StatelessWidget {
  static String routeName = "/profile";

  @override
  Widget build(BuildContext context) {
    return Scaffold(
      body: Center(
        child: Text("ProfileScreen"),
      ),
    );
  }
}
```

routes.dart 파일 코드 작성

routes.dart 파일은 이 프로젝트 앱의 화면 경로의 이름을 정의하고 관리하는 파일입니다.

```
lib / routes.dart

import 'package:flutter/material.dart';
import 'screens/profile/profile_screen.dart';
import 'screens/splash/splash_screen.dart';

final Map<String, WidgetBuilder> route = {
  SplashScreen.routeName: (context) => SplashScreen(),
  ProfileScreen.routeName: (context) => ProfileScreen(),
};
```

constants.dart 파일 코드 작성

앱에 공통으로 사용하는 상수들을 정의하는 파일입니다.

```
lib / constants.dart

import 'package:flutter/material.dart';

const kButtonDarkColor = Color(0xFF333333);
const kLightColor = Color(0xFF525252);
const kTextColor = Color(0xFFb3b3b3);
const kTextLightColor = Color(0xFFe6e6e6);
const kButtonBlueColor = Color(0xFF0071eb);
const kDarkColor = Color(0xFF6c6c6c);

const kTitleTextStyle =
    TextStyle(color: Colors.red, fontSize: 24.0, fontWeight: FontWeight.bold);
```

theme.dart 파일 코드 작성

앱에 공통으로 사용할 테마들의 정의합니다.

```
lib / theme.dart

import 'package:flutter/material.dart';
import 'package:netflix_ui/constants.dart';

ThemeData theme() {
  return ThemeData.dark().copyWith(
    scaffoldBackgroundColor: Colors.black,
    appBarTheme: AppBarTheme(color: Colors.black),
```

```
      textTheme: TextTheme(
        // ❶
        bodyText2: TextStyle(color: kTextColor),
      ),
    );
}
```

❶ bodyText2는 머터리얼 디자인의 기본 텍스트 스타일입니다. constants에 정의한 kTextColor를 기본 스타일로 지정합니다.

main.dart 파일 코드 작성

```
import 'package:flutter/material.dart';
import 'routes.dart';
import 'screens/splash/splash_screen.dart';
import 'theme.dart';

void main() {
  runApp(Netflix());
}

class Netflix extends StatelessWidget {
  @override
  Widget build(BuildContext context) {
    return MaterialApp(
      debugShowCheckedModeBanner: false,
      theme: theme(),
      initialRoute: SplashScreen.routeName,
      routes: route,
    );
  }
}
```

splash_screen.dart 파일 완성하기

```
import 'package:flutter/material.dart';
import '../profile/profile_screen.dart';

class SplashScreen extends StatelessWidget {
  static String routeName = "/splash";

  @override
  Widget build(BuildContext context) {
```

```
    Future.delayed(Duration(seconds: 2), () {
      // ❶
      Navigator.pushReplacementNamed(context, ProfileScreen.routeName);
    });

    return Scaffold(
      backgroundColor: Colors.black,
      body: Center(
        child: Text(
          "MODU PLAY",
          style: TextStyle(
            color: Colors.red,
            fontSize: 28.0,
            fontWeight: FontWeight.bold,
          ),
        ),
      ),
    ); // end of Scaffold
  }
}
```

❶ 프로필 선택 화면은 앱을 실행했을 때 한 번만 보여지는 화면입니다. pushReplacementNamed을 이용하면 프로필 선택 화면을 보관해두지 않고 버리기 때문에 다시 돌아가는 일을 방지할 수 있습니다.

코드가 정상적으로 작동한다면 2초 후 아래 화면으로 이동하게 됩니다.

◆ ProfileScreen위젯 화면

routes를 추가한 후에는 앱을 새로 시작하거나 핫리스타트를 해주어야 정상적으로 작동합니다. 핫리스타트는 번개모양의 핫리로드 옆에 위치한 초록색 버튼입니다.

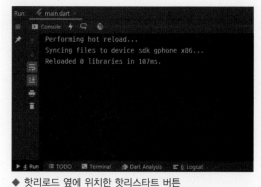

◆ 핫리로드 옆에 위치한 핫리스타트 버튼

03 _ 3 프로필 화면 만들기

해당 소스 코드는 https://github.com/flutter-coder/flutter-ui-book2/tree/master/netflix_ui/netflix_ui_03 에 공개되어 있습니다.

이번 장을 완료하면 만들 수 있는 화면입니다.

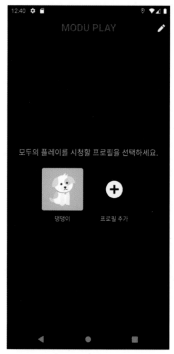

◆ 프로필 완성 화면

이번 장에서는 프로필 카드를 터치하면 메인 화면으로 이동하는 화면을 작성해 보겠습니다.

작업 순서

❶ 프로필화면 기본코드 작성하기

❷ ProfileCard와 AddCard 위젯 작성하기

❸ 프로필화면 완성하기

❹ MainScreens 위젯으로 이동하기

프로필화면 기본코드 작성하기

◆ 기본코드만 입력된 모습

이전 장에서 기본코드를 입력해둔 profile_screen.dart 파일을 열고 코드를 입력해 봅시다.

lib / screens / profile / profile_screen.dart

```
import 'package:flutter/material.dart';
import 'package:font_awesome_flutter/font_awesome_flutter.dart';
import '../../constants.dart';


class ProfileScreen extends StatelessWidget {
```

```dart
  static String routeName = "/profile";

  @override
  Widget build(BuildContext context) {
    return Scaffold(
      appBar: AppBar(
        automaticallyImplyLeading: false,
        centerTitle: true,
        title: Text(
          "MODU PLAY",
          style: kTitleTextStyle,
        ),
        actions: [
          Icon(FontAwesomeIcons.pen, size: 18.0),
          const SizedBox(width: 12.0)
        ],
      ),
      body: Center(
        child: Column(
          mainAxisAlignment: MainAxisAlignment.center,
          children: [
            Text(
              "모두의플레이를 시청할 프로필을 선택하세요.",
              style: TextStyle(
                color: Colors.white,
                fontSize: 18.0,
              ),
            )
          ],
        ),
      ), // end of Center
    );
  }
}
```

ProfileCard와 AddCard 위젯 작성하기

프로필 선택 화면에는 프로필 카드와 프로필 추가 카드 두 위젯이 필요합니다. 먼저 프로필 카드 위 젯부터 작성하겠습니다. 프로필 카드 위젯은 등록된 프로필 수만큼 보여지기 때문에 재사용 위젯으로 작성하겠습니다. profile 폴더 아래에 components 폴더를 생성한 후 profile_card.dart 파일을 생성해 줍니다.

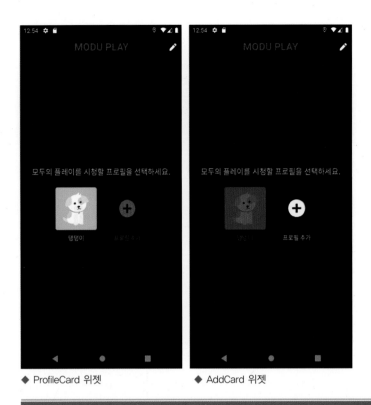

◆ ProfileCard 위젯　　　　　◆ AddCard 위젯

```dart
import 'package:flutter/material.dart';

class ProfileCard extends StatelessWidget {
  @override
  Widget build(BuildContext context) {
    return GestureDetector(
      child: Column(
        children: [
          ClipRRect(
            borderRadius: BorderRadius.circular(5.0),
            child: Image(
              image: AssetImage("assets/images/dog.jpg"),
              width: 100.0,
              height: 100.0,
            ),
          ),
          SizedBox(height: 8.0),
          Text(
            "댕댕이",
            style: TextStyle(color: Colors.white),
          ),
        ],
      ),
    ),
```

```
      // ①
      onTap: () {},
    );
  }
}
```

① 프로필 카드를 터치했을 때 메인 화면으로 넘어가는 함수가 들어갈 자리입니다. 잠시 후 mainScreens를 만든 후 작업하도록 합시다.

다음으로 프로필 추가 카드 위젯을 작성하겠습니다.

lib / screens / profile / components / add_card.dart

```
import 'package:flutter/material.dart';

class AddCard extends StatelessWidget {
  @override
  Widget build(BuildContext context) {
    return Column(
      children: [
        Container(
          height: 100.0,
          width: 100.0,
          child: Icon(
            Icons.add_circle,
            color: Colors.white,
            size: 50.0,
          ),
        ),
        SizedBox(height: 8.0),
        Text(
          "프로필 추가",
          style: TextStyle(color: Colors.white),
        ),
      ],
    );
  }
}
```

프로필 화면 완성하기

프로필 화면에서 필요한 위젯들이 모두 완성되었습니다. 이제 profile_screen.dart를 다시 열어 나머지 작업을 진행하겠습니다. Text 위젯 아래부터 이어서 작성합니다.

```dart
import 'package:flutter/material.dart';
import 'package:font_awesome_flutter/font_awesome_flutter.dart';
import '../../constants.dart';
import 'components/add_card.dart';
import 'components/profile_card.dart';

class ProfileScreen extends StatelessWidget {
  static String routeName = "/profile";

  @override
  Widget build(BuildContext context) {
    //...생략
        children: [
          Text(
            "모두의플레이를 시청할 프로필을 선택하세요.",
            style: TextStyle(
              color: Colors.white,
              fontSize: 18.0,
            ),
          ),
          const SizedBox(height: 25.0),
          Padding(
            padding: const EdgeInsets.symmetric(horizontal: 30.0),
            // ❶
            child: Wrap(
              spacing: 25.0,
              children: [
                ProfileCard(),
                AddCard(),
              ],
            ),
          ),
        ],
    //...생략
```

❶ Wrap은 기본적으로 수평 방향으로 위젯들을 배열합니다. 그리고 공간이 부족해지면 다음 줄로 이동하여 다시 배열을 합니다. ProfileCard 위젯을 여러 개 복사해서 넣어보면 자연스럽게 내려가는 모습을 보실 수 있습니다.

MainScreens 위젯으로 이동하기

이제 마지막으로 프로필 카드를 터치하면 MainScreens 화면으로 이동하도록 해보겠습니다. 먼저 screens 폴더 밑의 main_screens.dart 파일을 연 후 샘플 코드를 입력합니다.

```
import 'package:flutter/material.dart';

class MainScreens extends StatefulWidget {
  static String routeName = "/main_screens";

  @override
  _MainScreensState createState() => _MainScreensState();
}

class _MainScreensState extends State<MainScreens> {
  @override
  Widget build(BuildContext context) {
    return Scaffold(
      body: Center(
        child: Text("MainScreens"),
      ),
    );
  }
}
```

MainScreens 위젯을 모두 작성했다면 routes.dart로 이동하여 경로를 추가합니다.

```
//...생략
MainScreens.routeName: (context) => MainScreens(),
//...생략
```

위에서 만든 ProfileCard 위젯의 onTap 이벤트에 MainScreens로 이동하는 함수를 작성합니다.

```
//...생략
onTap: () {
  Navigator.pushNamed(context, MainScreens.routeName);
}
//...생략
```

이제 프로필 카드를 터치하면 화면 중앙에 MainScreens 글자가 뜨게 됩니다.

03 _ 4 메인 화면 만들기

해당 소스 코드는 https://github.com/flutter-coder/flutter-ui-book2/tree/master/netflix_ui/netflix_ui_04 에 공개되어 있습니다.

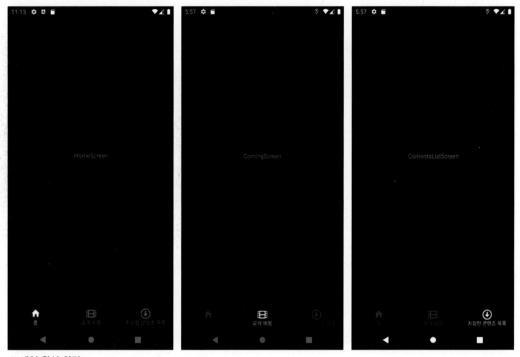

◆ 메인 완성 화면

BottomNavigationBar를 통해 홈, 공개 예정, 저장된 콘텐츠 목록 총 3개의 화면으로 이동시켜주는 역할을 하는 메인 화면을 작성해 보겠습니다.

작업 순서

❶ MainScreens 위젯의 자식 위젯 만들기
❷ bottomNavigationBar 데이터 모델 클래스 만들기
❸ MainScreens 위젯 완성하기

홈, 공개 예정, 저장된 콘텐츠 목록 세 화면을 가지고 있는 MainScreens 위젯을 완성해 보겠습니다. 이전에는 IndexedStack으로 구현했지만 이번엔 좀 더 심플한 방법으로 진행하겠습니다.

MainScreens 위젯의 자식 위젯 만들기

HomeScreen, ComingScreen, ContentsListScreen에 샘플 코드를 넣어 위젯을 만들어 봅시다.

❶ HomeScreen 위젯 만들기

하단 홈 버튼을 눌렀을 때 나오는 화면으로 사용되는 파일입니다. lib / screens / home 폴더에 home_screen.dart 파일을 만들어 다음과 같이 기본코드를 넣습니다.

lib / screens / home / home_screen.dart

```dart
import 'package:flutter/material.dart';

class HomeScreen extends StatelessWidget {
  @override
  Widget build(BuildContext context) {
    return Scaffold(
      body: Center(
        child: Text("HomeScreen"),
      ),
    );
  }
}
```

❷ ComingScreen 위젯 만들기

하단 공개 예정 버튼을 눌렀을 때 나오는 화면으로 사용되는 파일입니다. lib / screens / coming 폴더에 coming_screen.dart 파일을 만들어 다음과 같이 기본코드를 넣습니다.

lib / screens / coming / coming_screen.dart

```dart
import 'package:flutter/material.dart';

class ComingScreen extends StatelessWidget {
  @override
  Widget build(BuildContext context) {
    return Scaffold(
      body: Center(
        child: Text("ComingScreen"),
      ),
    );
  }
}
```

❸ ContentsListScreen 위젯 만들기

하단 저장된 콘텐츠 목록 버튼을 눌렀을 때 나오는 화면으로 사용되는 파일입니다. lib / screens / contents_list 폴더에 contents_list_screen.dart 파일을 만들어 다음과 같이 기본코드를 넣습니다.

lib / screens / contents_list / contents_list_screen.dart

```dart
import 'package:flutter/material.dart';

class ContentsListScreen extends StatelessWidget {
  @override
  Widget build(BuildContext context) {
    return Scaffold(
      body: Center(
        child: Text("ContentsListScreen"),
      ),
    );
  }
}
```

bottomNavigationBar 데이터 모델 클래스 만들기

lib / models / nav_item.dart 파일을 만들어 주세요. 데이터 모델 클래스 NavItem 클래스를 작성하고 bottomNavigationBar에 사용할 데이터를 만들어봅시다.

lib / models / nav_item.dart

```dart
import 'package:flutter/material.dart';
import 'package:font_awesome_flutter/font_awesome_flutter.dart';

class NavItem {
  final int id;
  final IconData icon;
  final String label;

  NavItem({required this.label, required this.id, required this.icon});
}

List<NavItem> navItems = [
  NavItem(id: 0, label: "홈", icon: Icons.home),
  NavItem(id: 1, label: "공개 예정", icon: FontAwesomeIcons.film),
  NavItem(id: 2, label: "저장한 콘텐츠 목록", icon: FontAwesomeIcons.arrowAltCircleDown),
];
```

MainScreens 위젯 완성하기

lib / screens / main_screens.dart

```dart
import 'package:flutter/material.dart';
import '../models/nav_item.dart';
import 'coming/coming_screen.dart';
import 'contents_list/contents_list_screen.dart';
import 'home/home_screen.dart';

class MainScreens extends StatefulWidget {
  static String routeName = "/main_screens";

  @override
  _MainScreensState createState() => _MainScreensState();
}

class _MainScreensState extends State<MainScreens> {
  int _selectedIndex = 0;
  List pages = [
    HomeScreen(),
    ComingScreen(),
    ContentsListScreen(),
  ];

  @override
  Widget build(BuildContext context) {
    return Scaffold(
      // ❶
      body: pages[_selectedIndex],
      bottomNavigationBar: BottomNavigationBar(
        currentIndex: _selectedIndex,
        backgroundColor: Colors.black,
        selectedItemColor: Colors.white,
        unselectedItemColor: kDarkColor,
        selectedFontSize: 12.0,
        onTap: (index) {
          setState(() {
            _selectedIndex = index;
          });
        },
        items: List.generate(
          navItems.length,
          (index) => BottomNavigationBarItem(
            icon: Icon(navItems[index].icon),
            label: navItems[index].label,
          ),
```

```
        ),
      ),
    );
  }
}
```

❶ setState를 통해 _selectedIndex가 바뀔 때마다 해당 인덱스 번호의 pages가 나타납니다. IndexedStack이 상태 값을 계속 유지를 해 주는 반면, 이러한 방식은 화면이 바뀔 때마다 처음부터 새로 시작하게 됩니다. 정답은 없으니 앱 컨셉에 맞는 방식으로 쓰면 됩니다.

03 _ 5 홈 화면 만들기

해당 소스 코드는 https://github.com/flutter-coder/flutter-ui-book2/tree/master/netflix_ui/netflix_ui_05 에 공개되어 있습니다.

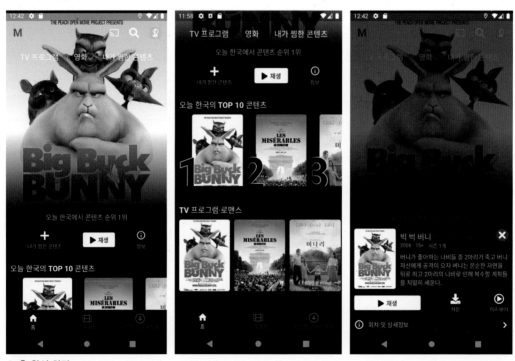

◆ 홈 완성 화면

프로필 선택 후 사용자가 처음 만나게 되는 첫 화면입니다. 새로 알게 되는 개념과 작업해야 하는 양이 많지만 하나씩 하나씩 진행해봅시다.

❶ Sliver를 이용하여 고정된 앱바를 포함한 위젯 만들기

❷ 순위를 보여주는 RankPoster 위젯 만들기

❸ 반복되는 Poster 위젯 만들기

❹ 동시에 움직이는 두 개의 스크롤 뷰 만들기

❺ BottomSheet 위젯으로 영상 정보 위젯 만들기

Sliver를 이용하여 고정된 앱바를 포함한 위젯 만들기

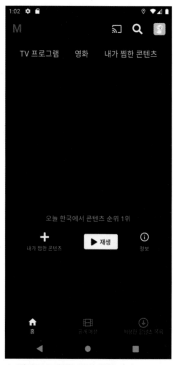

◆ 앱바를 포함한 위젯 완성 모습

❶ 앱바 작성하기

일반적인 앱바는 최상단에 고정되어 움직이지 않습니다. 하지만 이 앱에서 만들 두 개의 앱바는 각각 특징을 가지고 있습니다. 최상단의 첫 번째 앱바는 고정되어 있지 않아 스크롤 하면 보이지 않습니다. 그리고 그 밑의 두 번째 앱바는 스크롤하면 같이 올라가다가 최상단에 도달하면 더 이상 움직이지 않습니다. 이 두 앱바를 SliverAppBar 위젯을 이용하여 구현해봅시다.

```dart
import 'package:flutter/material.dart';
import 'package:font_awesome_flutter/font_awesome_flutter.dart';

class HomeScreen extends StatefulWidget {
  static String routeName = "/home_screen";

  @override
  _HomeScreenState createState() => _HomeScreenState();
}

class _HomeScreenState extends State<HomeScreen> {
  @override
  Widget build(BuildContext context) {
    Size appSize = MediaQuery.of(context).size;

    return SafeArea(
      child: CustomScrollView(
        slivers: [
          SliverAppBar(
            backgroundColor: Colors.transparent,
            leading: Center(
              child: Text(
                "M",
                style: TextStyle(
                    fontSize: 26.0,
                    color: Colors.red,
                    fontWeight: FontWeight.bold),
              ),
            ),
            actions: [
              Icon(FontAwesomeIcons.chromecast),
              SizedBox(width: 25.0),
              Icon(FontAwesomeIcons.search),
              SizedBox(width: 25.0),
              Padding(
                padding: const EdgeInsets.symmetric(vertical: 14.0),
                child: ClipRRect(
                  borderRadius: BorderRadius.circular(5.0),
                  child: Image(
                    image: AssetImage("assets/images/dog.jpg"),
                  ),
                ),
              ),
              SizedBox(width: 15.0),
            ],
```

```
          ),
          SliverAppBar(
            textTheme: TextTheme(headline6: TextStyle(fontSize: 18.0)),
            automaticallyImplyLeading: false,
            backgroundColor: Colors.transparent,
            shadowColor: Colors.transparent,
            pinned: true,
            centerTitle: true,
            title: Row(
              mainAxisAlignment: MainAxisAlignment.spaceAround,
              children: [
                Text("TV 프로그램"),
                Text("영화"),
                Text("내가 찜한 콘텐츠"),
              ],
            ),
          ),
          SliverToBoxAdapter(
            child: Container(height: 1000.0),
          )
        ],
      ),
    );
  }
}
```

코드를 다 작성했다면 위아래로 스크롤 해봅시다. 아래로 내렸을 때 최상단의 앱바는 안보이고 두 번째 앱바가 상단에 걸려있어야 합니다. 앱바가 정상적으로 작동한다면 이제 나머지 위젯도 작성해 보겠습니다.

❷ 재사용되는 위젯 작성하기

◆ 아이콘과 텍스트가 조합된 버튼 모습

아이콘과 그 밑에 텍스트가 있는 LabelIcon 위젯과 재생 버튼인 PlayButton 위젯은 홈 화면 뿐만 아니라 다른 화면에서도 재사용되는 위젯입니다. 이 두 위젯을 먼저 만들어보겠습니다.

```dart
import 'package:flutter/material.dart';

class LabelIcon extends StatelessWidget {
  final IconData icon;
  final String label;
  final TextStyle? style;

  const LabelIcon({
    Key? key,
    required this.icon,
    required this.label,
    this.style,
  }) : super(key: key);

  @override
  Widget build(BuildContext context) {
    return SizedBox(
      child: Column(
        children: [
          Icon(icon),
          SizedBox(height: 5.0),
          Text(
            label,
            style: style ?? TextStyle(fontSize: 12.0),
          ),
        ],
      ),
    );
  }
}
```

```dart
import 'package:flutter/material.dart';
import 'package:font_awesome_flutter/font_awesome_flutter.dart';

class PlayButton extends StatelessWidget {
  const PlayButton({
    Key? key,
    this.width,
  }) : super(key: key);

  final double? width;

  @override
```

```dart
Widget build(BuildContext context) {
  return Container(
    width: width,
    height: 35.0,
    decoration: BoxDecoration(
      color: Colors.white,
      borderRadius: BorderRadius.circular(4.0),
    ),
    child: Row(
      mainAxisAlignment: MainAxisAlignment.center,
      children: [
        Icon(
          FontAwesomeIcons.play,
          color: Colors.black,
          size: 16.0,
        ),
        SizedBox(width: 5.0),
        Text(
          "재생",
          style: TextStyle(color: Colors.black),
        )
      ],
    ),
  );
}
}
```

두 위젯을 모두 작성했다면 HomeScreen으로 돌아와서 남은 코드를 작성해 보겠습니다. 작성해둔 코드 중 SliverToBoxAdapter 안에 계속해서 작성합니다.

> 66 Slivers란 이전에 작성한 SliverAppBar처럼 스크롤을 하면 상단에 고정되는 등의 커스텀 스크롤 효과를 내기 위한 목적을 가진 위젯들입니다. SliverToBoxAdapter는 하나의 단일 위젯만 포함하는 가장 기본적인 Slivers 중 하나입니다.

lib / screens / home / home_screen.dart

```dart
//...생략
SliverToBoxAdapter(
  child: Container(
    height: (appSize.height * 0.6),
    child: Column(
      mainAxisAlignment: MainAxisAlignment.end,
      children: [
        Text(
          "오늘 한국에서 콘텐츠 순위 1위",
          style: TextStyle(fontSize: 16.0),
        ),
```

```
      SizedBox(height: 20.0),
      Row(
        mainAxisAlignment: MainAxisAlignment.spaceEvenly,
        children: [
          LabelIcon(
            icon: FontAwesomeIcons.plus,
            label: "내가 찜한 콘텐츠",
          ),
          PlayButton(width: 80.0),
          LabelIcon(
            icon: Icons.info_outline,
            label: "정보",
          )
        ],
      ),
      SizedBox(height: 30.0)
    ],
  ), // end of Column
 ),
)
//...생략
```

순위를 보여주는 RankPoster 위젯 만들기

◆ 순위가 적혀있는 포스터 모습

랭크가 포함된 포스터를 보여주는 RankPoster 위젯은 홈 화면에서만 재사용되는 위젯입니다.
home / components에 rank_poster.dart를 생성한 후 코드를 작성하겠습니다.

lib / screens / home / components / rank_poster.dart

```
import 'package:flutter/material.dart';

class RankPoster extends StatelessWidget {
  const RankPoster({
    Key? key,
    required this.rank,
    required this.posterUrl,
```

```
    }) : super(key: key);

    final String rank;
    final String posterUrl;

    @override
    Widget build(BuildContext context) {
      return Stack(
        children: [
          Positioned(
            left: 30.0,
            child: ClipRRect(
              borderRadius: BorderRadius.circular(5.0),
              child: Image(
                image: AssetImage(posterUrl),
                fit: BoxFit.cover,
                width: 120.0,
                height: 200.0,
              ),
            ),
          ),
          Positioned(
            left: -5.0,
            bottom: -30.0,
            // ❶
            child: Stack(
              children: [
                Text(
                  rank,
                  style: TextStyle(
                    fontSize: 100.0,
                    fontWeight: FontWeight.bold,
                    foreground: Paint()
                      ..style = PaintingStyle.stroke
                      ..strokeWidth = 3
                      ..color = Colors.white,
                  ),
                ),
                Text(
                  rank,
                  style: TextStyle(
                    fontSize: 100.0,
                    fontWeight: FontWeight.bold,
                    color: Colors.black),
                ),
              ],
```

```
        ),
      ),
      // ❷
      Container(
        width: 150.0,
        decoration: BoxDecoration(
          gradient: LinearGradient(
            // 3
            colors: [
              Colors.black,
              Colors.black.withOpacity(0.0),
            ],
            // ❸
            stops: [0.0, rank != "1" ? 0.2 : 0.0],
          ),
        ),
      )
    ],
  );
}
}
```

❶ 외곽선이 있는 글자는 두 개의 위젯으로 구성되어 있습니다. Stack의 첫 번째 자식은 Paint를 이용하여 외곽선만 있는 텍스트 위젯이며, 그 위에 두 번째 자식인 텍스트 위젯이 덧입혀져 마치 글자에 외곽선이 있는 것 같은 효과를 불러일으킵니다.

❷ 랭크 2번부터는 좌측에 그라데이션(Gradation) 효과가 있습니다. 이 역시 Stack을 이용하여 포스터 위에 덧입혀서 구현하였습니다.

❸ 그라데이션은 시작 위치와 종료 위치를 지정할 수 있습니다. colors의 첫 번째 색상이 시작하는 위치는 stops의 첫 번째 자리에 오며, 마친가지로 두 번째 색상이 시작하는 위치는 stops의 두 번째에 위치합니다. 기본적으로 0.0은 제일 좌측이며, 1.0은 가장 우측을 나타냅니다.

RankPoster 위젯이 작성되었으면 이제 다시 HomeScreen으로 돌아가 적용해보겠습니다.

lib / screens / home / home_screen.dart

```
class _HomeScreenState extends State<HomeScreen> {
  @override
  Widget build(BuildContext context) {
    //...생략
    List<String> posters = [
      "assets/images/big_buck_bunny_poster.jpg",
      "assets/images/les_miserables_poster.jpg",
      "assets/images/minari_poster.jpg",
      "assets/images/the_book_of_fish_poster.jpg",
    ];
```

```
return SafeArea(
  child: CustomScrollView(
    slivers: [
      //(...)은 생략을 의미합니다.
      SliverAppBar(...),
      SliverAppBar(...),
      SliverToBoxAdapter(...),
      SliverPadding(
        padding: const EdgeInsets.only(bottom: 40.0, left: 10.0),
        sliver: SliverToBoxAdapter(
          child: Container(
            height: 200.0,
            child: Column(
              crossAxisAlignment: CrossAxisAlignment.start,
              children: [
                RichText(
                  text: TextSpan(
                      text: "오늘 한국의 ",
                      children: [
                        TextSpan(
                          text: "TOP 10",
                          style: TextStyle(
                            fontWeight: FontWeight.bold,
                          ),
                        ),
                        TextSpan(text: " 콘텐츠"),
                      ],
                      style: TextStyle(fontSize: 18.0)),
                ),
                SizedBox(height: 10.0),
                Expanded(
                  child: ListView(
                    scrollDirection: Axis.horizontal,
                    children: List.generate(
                      posters.length,
                      (index) => RankPoster(
                        rank: (index + 1).toString(),
                        posterUrl: posters[index],
                      ),
                    ),
                  ),
                )
              ],
            ),
          ),
        ),
      ) // end of SliverPadding
```

반복되는 Poster 위젯 만들기

◆ 리스트 뷰로 구현된 포스터 목록

포스터 목록은 ListView로 구현되어 있습니다. 순서는 이번에도 Poster위젯을 먼저 작성한 후
HomeScreen에 적용하도록 하겠습니다.

파일 위치 : lib / screens / home / components / poster.dart

```
lib / screens / home / components / poster.dart

import 'package:flutter/material.dart';

class Poster extends StatelessWidget {
  const Poster({
    Key? key,
    required this.posterUrl,
  }) : super(key: key);

  final String posterUrl;

  @override
  Widget build(BuildContext context) {
    return Padding(
      padding: const EdgeInsets.only(right: 10.0),
      child: ClipRRect(
        borderRadius: BorderRadius.circular(5.0),
        child: Image(
          image: AssetImage(posterUrl),
          fit: BoxFit.cover,
          width: 120.0,
          height: 200.0,
        ),
      ),
    );
  }
}
```

이제 HomeScreen으로 돌아가서 적용하겠습니다.

```dart
class _HomeScreenState extends State<HomeScreen> {
  @override
  Widget build(BuildContext context) {
    ...
    return SafeArea(
      child: CustomScrollView(
        slivers: [
          //(...)은 생략을 의미합니다.
          SliverAppBar(...),
          SliverAppBar(...),
          SliverToBoxAdapter(...),
          SliverPadding(...),
          SliverPadding(
            padding: const EdgeInsets.only(bottom: 40.0, left: 10.0),
            sliver: SliverToBoxAdapter(
              child: Container(
                height: 200.0,
                child: Column(
                  crossAxisAlignment: CrossAxisAlignment.start,
                  children: [
                    RichText(
                      text: TextSpan(children: [
                        TextSpan(
                          text: "TV ",
                          style: TextStyle(
                            fontWeight: FontWeight.bold,
                          ),
                        ),
                        TextSpan(text: "프로그램 · 로맨스"),
                      ], style: TextStyle(fontSize: 18.0)),
                    ),
                    SizedBox(height: 10.0),
                    Expanded(
                      child: ListView(
                        scrollDirection: Axis.horizontal,
                        children: List.generate(
                          posters.length,
                          (index) => Poster(
                            posterUrl: posters[index],
                          ),
                        ),
                      ),
                    )
                  ],
                ),
              ),
            ),
          ) // end of SliverPadding
```

동시에 움직이는 두 개의 스크롤 뷰 만들기

홈 화면의 배경은 고정 되어 있는 것이 아닌 스크롤이 되는 배경입니다. 이 기능을 구현하기 위해 두 개의 스크롤 뷰를 사용해보겠습니다. 기본적인 원리는 다음과 같습니다. 지금까지 우리가 만든 위젯들, 즉 앞에 보이는 스크롤 뷰가 스크롤 될 때마다 위치를 읽어서 그 위치로 배경을 이동시키게 됩니다. 조금 어려울 수도 있겠지만 차근차근 만들어봅시다.

❶ 컨트롤러 추가하기

먼저 앞과 뒤의 스크롤 뷰 위치를 제어할 수 있게 도와주는 컨트롤러 변수를 선언하겠습니다. 이전에 작성한 posters 변수 바로 밑에 이어서 작성합니다.

```
//...생략
ScrollController _backController = new ScrollController();
ScrollController _frontController = new ScrollController();
//...생략
```

❷ 배경 추가하기

배경을 추가하기 위해 지금까지 작성한 SafeArea을 Stack으로 감싼 후, Stack의 첫 번째 자식으로 SingleChildScrollView를 추가하겠습니다.

```
//...생략
return Stack(
  children: [
    SingleChildScrollView(
      controller: _backController,
      child: Column(
        children: [
          Stack(
            children: [
              Image(
                image: AssetImage(posters[0]),
                height: appSize.height * 0.6 +
                    (SliverAppBar().toolbarHeight * 2),
                width: double.infinity,
                fit: BoxFit.fitWidth,
              ),
              Container(
                height: appSize.height * 0.6 +
                    (SliverAppBar().toolbarHeight * 2),
                decoration: BoxDecoration(
                  gradient: LinearGradient(
                    begin: Alignment.topCenter,
                    end: Alignment.bottomCenter,
                    colors: [
```

```
                Colors.black.withOpacity(0.2),
                Colors.black.withOpacity(0.0),
                Colors.black,
              ],
              stops: [0.0, 0.5, 0.9],
            ),
          ),
        )
      ],
    ),
    SizedBox(
      height: appSize.height,
    )
  ],
),
  ), // end of SingleChildScrollView
  SafeArea(...),
  ],
); // end of Stack
```

❸ CustomScrollView에 리스너 및 컨트롤러 추가하기

CustomScrollView를 NotificationListner로 감싸서 스크롤 이벤트를 감지할 수 있도록 합니다. 또한 CustomScrollView 안에 controller 속성으로 컨트롤러를 지정해줍니다.

```
//...생략
SafeArea(
  child: NotificationListener(
    // ❶
    onNotification: (ScrollNotification scrollInfo) {
      if (_frontController.offset <= appSize.height) {
        _backController.jumpTo(_frontController.offset);
        return true;
      } else {
        return false;
      }
    },
    child: CustomScrollView(
      controller: _frontController,
      slivers: [...],
    ),
  ), // end of NotificationListener
)
//...생략
```

❶ 스크롤 이벤트가 일어날 때마다 스크롤 위치를 읽어주는 위젯입니다. 기본적으로 앞의 스크롤뷰 위치를 읽어서 뒤에 위치한 스크롤 뷰를 이동시킵니다. 추가로 if문을 이용하여 만약 배경이 모두 올라가서 보이지 않게 되면, 즉 화면 전체만큼 올라갔다면 의미 없이 이동시키는 것을 방지합니다.

BottomSheet 위젯으로 영상 정보 위젯 만들기

◆ BottomSheet로 구현된 영상 정보 위젯

포스터 혹은 그 주변 영역을 터치하면 해당 영상의 정보가 보이는 위젯이 나타납니다. 플러터에서 제공해주는 BottomSheet를 이용하여 구현해봅시다.

❶ GestureDetector 위젯으로 탭 이벤트 구현하기

CustomScrollView 안의 slivers 중 첫 번째 SliverToBoxAdapter에서 코드를 작성합니다. 내가 이 벤트를 구현하고 싶은 영역에 해당하는 위젯을 GestureDetector로 감싸봅시다. 여기선 Container 를 감싸겠습니다.

```
//...생략
child: CustomScrollView(
  controller: _frontController,
  slivers: [
    SliverAppBar(...),
    SliverAppBar(...),
    SliverToBoxAdapter(
      child: GestureDetector(
        // ❶
        behavior: HitTestBehavior.translucent,
        onTap: () {
          // ❷
          showModalBottomSheet(
            context: context,
            // ❸
            builder: (BuildContext context) {
              return Container();
            },
          );
        },
        child: Container(
//...생략
```

❶ GestureDetector의 onTap 이벤트는 기본적으로 빈 공간이 아닌 위젯을 터치했을 때 동작합니다. 빈 공간을 터치해도 영역 안이라면 이벤트가 일어나도록 하기 위해 해당 옵션을 지정합니다.

❷ BottomSheet는 showModalBottomSheet 함수를 이용하여 불러올 수 있습니다.

❸ builder에서 리턴되는 위젯이 BottomSheet에 그려지게 됩니다. 간단히 Container만 넣은 후 실제로 BottomSheet가 나타나는지 확인해봅시다.

❷ SmallSubText 위젯 작성하기

BottomSheet 안에서 재사용하게 될 위젯을 먼저 만들어보겠습니다. 간단한 작은 텍스트입니다.

lib / screens / components / small_sub_text.dart

```dart
import 'package:flutter/material.dart';

class SmallSubText extends StatelessWidget {
  const SmallSubText({
    Key? key,
    required this.text,
  }) : super(key: key);

  final String text;

  @override
  Widget build(BuildContext context) {
    return Text(
      text,
      style: TextStyle(
        color: Colors.grey,
        fontSize: 12.0,
      ),
    );
  }
}
```

❸ BottomSheet 위젯 구성하기

HomeScreen으로 돌아와서 본격적으로 BottomSheet를 구성하기 전에 builder 부분을 함수로 추출하겠습니다. 코드가 복잡할수록 함수 혹은 위젯으로 추출하는 것은 더욱 중요합니다. builder의 함수 구현 부분에 커서를 가져가서 Ctrl+Alt+M 혹은 마우스 우클릭 후 Extract Method를 실행합니다. 함수명은 _buildInfoBottomSheet로 하겠습니다.

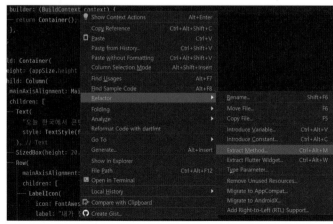

◆ Extract Method 위치

◆ 함수명 _buildInfoBottomSheet

함수로 추출하였다면 이제 구현 부분으로 이동하여 코드를 작성하겠습니다.

```
//...생략
Widget _buildInfoBottomSheet(BuildContext context) {
    // ❶
    return Wrap(
        children: [
            Stack(
                children: [
                    Container(
                        width: MediaQuery.of(context).size.width,
                        decoration: BoxDecoration(
                            color: Color(0xFF2B2B2B),
                            borderRadius: BorderRadius.only(
                                topLeft: Radius.circular(10.0),
                                topRight: Radius.circular(10.0),
                            ),
                        ),
                        child: Padding(
                            padding: const EdgeInsets.all(10.0),
                            child: Column(
                                children: [
                                    Row(
                                        children: [
                                            ClipRRect(
                                                borderRadius: BorderRadius.circular(5.0),
                                                child: Image(
                                                    image: AssetImage(
                                                        "assets/images/big_buck_bunny_poster.jpg"),
                                                    width: 100.0,
                                                ),
                                            ),
                                            SizedBox(width: 10.0),
                                            Expanded(
                                                child: Column(
                                                    crossAxisAlignment: CrossAxisAlignment.start,
                                                    children: [
                                                        Text(
                                                            "빅 벅 버니",
                                                            style: TextStyle(fontSize: 18.0),
                                                        ),
                                                        Row(
                                                            children: [
                                                                SmallSubText(text: "2008"),
                                                                SizedBox(width: 10.0),
                                                                SmallSubText(text: "15+"),
```

```
                    SizedBox(width: 10.0),
                    SmallSubText(text: "시즌 1개"),
                  ],
                ),
                SizedBox(height: 8.0),
                Text("버니가 좋아하는 나비들 중 2마리가 죽고 "
                    "버니 자신에게 공격이 오자 "
                    "버니는 온순한 자연을 뒤로 하고 "
                    "2마리의 나비로 인해 복수할 계획들을 치밀히 세운다.")
              ],
            ),
          ),
        ],
      ),
      SizedBox(height: 10.0),
      Row(
        mainAxisAlignment: MainAxisAlignment.spaceBetween,
        children: [
          PlayButton(width: 160.0),
          LabelIcon(
            icon: FontAwesomeIcons.download,
            label: "저장",
            style: TextStyle(
              fontSize: 12.0,
              color: Colors.grey,
            ),
          ),
          LabelIcon(
            icon: FontAwesomeIcons.playCircle,
            label: "미리보기",
            style: TextStyle(
              fontSize: 12.0,
              color: Colors.grey,
            ),
          )
        ],
      ),
      Divider(),
      GestureDetector(
        behavior: HitTestBehavior.translucent,
        onTap: () {},
        child: Row(
          mainAxisAlignment: MainAxisAlignment.spaceBetween,
          children: [
            Row(
              children: [
```

```dart
                    Icon(Icons.info_outline),
                    SizedBox(width: 10.0),
                    Text("회차 및 상세정보"),
                  ],
                ),
                Icon(
                  FontAwesomeIcons.chevronRight,
                  size: 16.0,
                )
              ],
            ),
          )
        ],
      ),
    ),
  ),
),
Positioned(
  right: 10.0,
  top: 10.0,
  child: GestureDetector(
    onTap: () {
      // ❷
      Navigator.pop(context);
    },
    child: Container(
      width: 30.0,
      height: 30.0,
      decoration: BoxDecoration(
        borderRadius: BorderRadius.circular(25.0),
        color: Color(0xFF525252),
      ),
      child: Icon(FontAwesomeIcons.times),
    ),
  ),
),
          ],
        ),
      ],
    );
}
```

❶ BottomSheet는 기본적으로 화면의 절반 정도를 차지합니다. 만약 안의 내용만큼만 크기를 차지하도록 줄이고 싶을 때 Wrap으로 감싸주면 크기가 줄어듭니다.

❷ BottomSheet는 자신의 외부 영역을 터치하면 닫힙니다. 만약 닫는 이벤트를 직접 지정하고 싶을 때는 Navigator.pop 을 이용할 수 있습니다.

03 _ 6 상세정보 화면 만들기

해당 소스 코드는 https://github.com/flutter-coder/flutter-ui-book2/tree/master/netflix_ui/netflix_ui_06 에 공개되어 있습니다.

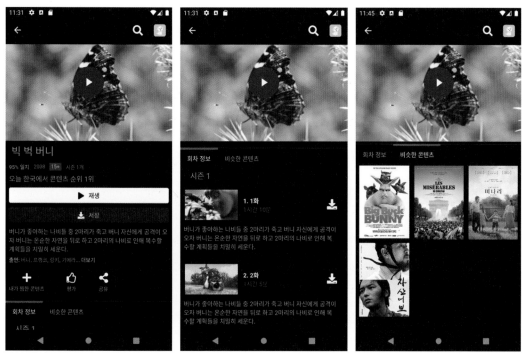

◆ 상세정보 완성 화면

상세정보 화면은 홈 화면의 BottomSheet에서 회차 및 상세정보 위젯을 터치하였을 때 넘어오게 될 화면입니다. 이 화면을 만들면서 동영상 플레이어로 영상을 재생해봅시다. 그리고 TabBar를 화면 중간에 구현하기 위해 NestedScrollView를 사용해봅시다.

> **작업 순서**
>
> ❶ 상세정보 화면으로 이동하기
> ❷ 동영상 플레이어 위젯 추가하기
> ❸ episode 데이터 모델 클래스 만들기
> ❹ NestedScrollView로 TapBar를 화면 중간에 추가하기
> ❺ TabBar의 첫 번째 View 작성하기
> ❻ TabBar의 두 번째 View 작성하기

상세정보 화면으로 이동하기

❶ DetailScreen 기본 코드 작성하기

lib / screens / detail / detail_screen.dart

```dart
import 'package:flutter/material.dart';
import 'package:font_awesome_flutter/font_awesome_flutter.dart';

class DetailScreen extends StatefulWidget {
  static String routeName = "/detail";

  @override
  _DetailScreenState createState() => _DetailScreenState();
}

class _DetailScreenState extends State<DetailScreen> {
  @override
  Widget build(BuildContext context) {
    return Scaffold(
      appBar: AppBar(
        backgroundColor: Colors.black,
        actions: [
          Icon(FontAwesomeIcons.search),
          SizedBox(width: 25.0),
          Padding(
            padding: const EdgeInsets.symmetric(vertical: 14.0),
            child: ClipRRect(
              borderRadius: BorderRadius.circular(5.0),
              child: Image(
                image: AssetImage("assets/images/dog.jpg"),
              ),
            ),
          ),
          SizedBox(width: 15.0),
        ],
      ),
      body: Center(
        child: Text("DetailScreen"),
      ),
    );
  }
}
```

❷ routes에 추가하기

파일 위치 : lib / routes.dart

```dart
//...생략
DetailScreen.routeName: (context) => DetailScreen(),
//...생략
```

❸ HomeScreen의 BottomSheet에 onTap 이벤트 추가하기

BottomSheet의 회차 및 상세정보 텍스트가 있는 위젯은 GestureDetector로 감싸져 있지만 onTap
이 공란으로 비어있습니다. 이곳을 채워주도록 합시다.

```
lib / screens / home / home_screen.dart
```

```dart
//...생략
GestureDetector(
  behavior: HitTestBehavior.translucent,
  onTap: () {
    Navigator.pushNamed(context, DetailScreen.routeName);
  }
  child: Row(
//...생략
```

이제 회차 및 상세정보를 터치하여 DetailScreen으로 이동하는지 확인해봅시다.

동영상 플레이어 위젯 추가하기

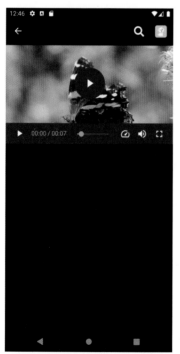

◆ 동영상 플레이어 위젯

pub.dev에 공개되어 있는 chewie 라이브러리를 이용하여 영상을 재생합니다. 코드가 어렵게 느껴
진다면 코드만 적어도 괜찮습니다. 대부분의 라이브러리들은 일종의 가이드인 레퍼런스 코드를 제
공해주기 때문에 그대로 따라만 적어도 사용할 수 있습니다. 동영상 플레이어가 제대로 작동하지 않
으면 핫리로드 혹은 앱을 새로 시작해주세요.

```dart
class _DetailScreenState extends State<DetailScreen> {
  List<String> posters = [
    "assets/images/big_buck_bunny_poster.jpg",
    "assets/images/les_miserables_poster.jpg",
    "assets/images/minari_poster.jpg",
    "assets/images/the_book_of_fish_poster.jpg",
  ];

  late VideoPlayerController _videoPlayerController;
  ChewieController? _chewieController;

  Future<void> initializePlayer() async {
    _videoPlayerController = VideoPlayerController.network(
        'https://flutter.github.io/assets-for-api-docs/assets/videos/butterfly.mp4');
    await Future.wait([_videoPlayerController.initialize()]);
    _chewieController = ChewieController(
      videoPlayerController: _videoPlayerController,
      autoPlay: true,
    );
    setState(() {});
  }

  @override
  void initState() {
    super.initState();
    initializePlayer();
  }

  @override
  void dispose() {
    _videoPlayerController.dispose();
    _chewieController?.dispose();
    super.dispose();
  }

  @override
  Widget build(BuildContext context) {
    return Scaffold(
```

```
...
    body: Column(
      children: [
        Container(
          height: 230.0,
          child: _chewieController != null &&
                  _chewieController!
                    .videoPlayerController.value.isInitialized
              ? Chewie(controller: _chewieController!)
              : Column(
                  mainAxisAlignment: MainAxisAlignment.center,
                  children: const [
                    CircularProgressIndicator(),
                    SizedBox(height: 20),
                    Text('Loading'),
                  ],
                ),
        ), // end of Container
```

TIP async, await를 사용하지 않은 경우

Future와 async, await는 비동기로 데이터를 불러오기 위해 존재합니다. Future는 단어 뜻인 '미래'처럼 지금은 데이터가 없지만 미래에 데이터가 있을 거라고 알려주는 클래스입니다. 비동기로 쓰고 싶은 함수에는 async 키워드가 필요하며 이 함수는 항상 Future를 리턴하게 됩니다. await는 async 안에만 사용이 가능하며, await가 적힌 곳에서 프로그램은 데이터를 다 불러올 때까지 대기합니다. 가령 API를 이용하여 동영상을 불러온 후 화면에서 재생한다고 가정해봅시다. 이 동영상은 내려받기까지 5초가 걸립니다. 만약 asynsc, await를 활용하지 않으면 동영상을 내려받을 때까지 기다리지 않고 모든 코드가 실행되어버립니다. 하지만 async, await를 활용하면 동영상을 내려받는 5초간 대기 후 완료되면 동영상을 화면에 출력합니다. 이를 그림으로 나타내면 다음과 같습니다.

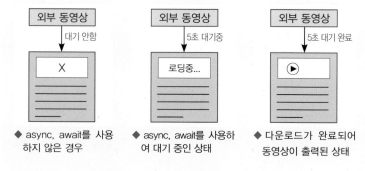

◆ async, await를 사용하지 않은 경우

◆ async, await를 사용하여 대기 중인 상태

◆ 다운로드가 완료되어 동영상이 출력된 상태

더 자세한 내용은 아래 Dart 공식 홈페이지에서 확인 가능합니다.
https://dart.dev/codelabs/async-await

episode 데이터 모델 클래스 만들기

앞으로 만들게 될 위젯에서는 영상의 회차별 정보가 필요합니다. 따라서 회차 정보 클래스인 episode를 미리 작성하겠습니다.

```dart
class Episode {
  final String episode;
  final String title;
  final String previewImageUrl;
  final String playTime;
  final String description;

  Episode({
    required this.episode,
    required this.title,
    required this.previewImageUrl,
    required this.playTime,
    required this.description,
  });
}

List<Episode> episodes = [
  Episode(
      episode: "1",
      title: "1화",
      previewImageUrl: "assets/images/episode_1.jpg",
      playTime: "1시간 10분",
      description: "버니가 좋아하는 나비들 중 2마리가 죽고 "
          "버니 자신에게 공격이 오자 버니는 온순한 자연을 뒤로 하고 "
          "2마리의 나비로 인해 복수할 계획들을 치밀히 세운다."),
  Episode(
      episode: "2",
      title: "2화",
      previewImageUrl: "assets/images/episode_2.jpg",
      playTime: "1시간 5분",
      description: "버니가 좋아하는 나비들 중 2마리가 죽고 "
          "버니 자신에게 공격이 오자 버니는 온순한 자연을 뒤로 하고 "
          "2마리의 나비로 인해 복수할 계획들을 치밀히 세운다."),
  Episode(
      episode: "3",
      title: "3화",
      previewImageUrl: "assets/images/episode_3.jpg",
      playTime: "1시간 12분",
      description: "버니가 좋아하는 나비들 중 2마리가 죽고 "
          "버니 자신에게 공격이 오자 버니는 온순한 자연을 뒤로 하고 "
          "2마리의 나비로 인해 복수할 계획들을 치밀히 세운다."),
];
```

NestedScrollView로 TapBar를 화면 중간에 추가하기

◆ 탭바까지 추가된 모습

스크롤이 가능한 뷰 안에 다시 스크롤이 가능한 뷰를 넣고 싶을 때, 즉 중첩된 뷰를 구성하고 싶을 때는 NestedScrollView 위젯을 사용합니다. 일반 ScrollView를 중첩해서 사용할 경우, 내부의 ScrollView를 스크롤 하면 외부의 ScrollView에는 아무런 영향을 끼치지 않습니다. 반면 NestedScrollView를 이용하여 구현할 경우 마치 하나의 ScrollView인 것처럼 동작합니다. 이번 절에서는 NestedScrollView를 이용하여 중첩된 뷰를 구현해보겠습니다.

동영상 플레이어가 포함되어 있는 Container가 끝난 뒤부터 이어서 작성합니다.

```
//...생략
Expanded(
  child: DefaultTabController(
    // ❶
    length: 2,
    // ❷
    child: NestedScrollView(
      headerSliverBuilder: (context, value) {
        return [
          SliverToBoxAdapter(
            child: Padding(
              padding: const EdgeInsets.symmetric(horizontal: 8.0),
```

```
      child: Column(
        crossAxisAlignment: CrossAxisAlignment.start,
        children: [
          Text(
            " 빅 벅 버니",
            style: TextStyle(fontSize: 24.0),
          ),
          SizedBox(height: 10.0),
          Row(
            children: [
              Text(
                "95% 일치",
                style: TextStyle(
                  fontSize: 12.0,
                  color: Colors.green,
                  fontWeight: FontWeight.bold,
                ),
              ),
              SizedBox(width: 10.0),
              SmallSubText(text: "2008"),
              SizedBox(width: 10.0),
              Container(
                decoration: BoxDecoration(color: kLightColor),
                child: Padding(
                  padding: const EdgeInsets.symmetric(
                      horizontal: 4.0, vertical: 2.0),
                  child: Text(
                    "15+",
                    style: TextStyle(
                        fontSize: 12.0,
                        color: Colors.white60),
                  ),
                ),
              ),
              SizedBox(width: 10.0),
              SmallSubText(text: "시즌 1개"),
            ],
          ),
          SizedBox(height: 6.0),
          Text(
            "오늘 한국에서 콘텐츠 순위 1위",
            style: TextStyle(fontSize: 16.0),
          ),
          SizedBox(height: 10.0),
          PlayButton(width: double.infinity),
          SizedBox(height: 10.0),
```

```
Container(
  width: double.infinity,
  height: 35.0,
  decoration: BoxDecoration(
    color: kButtonDarkColor,
    borderRadius: BorderRadius.circular(4.0),
  ),
  child: Row(
    mainAxisAlignment: MainAxisAlignment.center,
    children: [
      Icon(
        FontAwesomeIcons.download,
        size: 16.0,
      ),
      SizedBox(width: 10.0),
      Text(
        "저장",
      )
    ],
  ),
),
SizedBox(height: 10.0),
Text(episodes[0].description),
SizedBox(height: 6.0),
RichText(
  text: TextSpan(
      text: "출연: ",
      style: TextStyle(
          fontSize: 12.0, color: Colors.grey[300]),
      children: [
        TextSpan(
            text: "버니, 프랭크, 링키, 기메라... ",
            style: TextStyle(color: Colors.grey)),
        TextSpan(text: "더보기"),
      ]),
),
SizedBox(height: 20.0),
Container(
  width: MediaQuery.of(context).size.width * 0.6,
  child: Row(
    mainAxisAlignment:
        MainAxisAlignment.spaceBetween,
    children: [
      LabelIcon(
        icon: FontAwesomeIcons.plus,
        label: "내가 찜한 콘텐츠",
```

```dart
              ),
              LabelIcon(
                icon: FontAwesomeIcons.thumbsUp,
                label: "평가",
              ),
              LabelIcon(
                icon: FontAwesomeIcons.shareAlt,
                label: "공유",
              )
            ],
          ),
        ),
      ],
    ),
  ),
),
SliverPadding(
  padding: const EdgeInsets.only(top: 20.0),
  sliver: SliverToBoxAdapter(
    child: Container(
      height: 50.0,
      decoration: BoxDecoration(
        border: Border(
          top: BorderSide(color: kLightColor),
        ),
      ),
      // ❸
      child: TabBar(
        indicator: UnderlineTabIndicator(
          borderSide:
              BorderSide(color: Colors.red, width: 5.0),
          insets: EdgeInsets.only(bottom: 45.0),
        ),
        isScrollable: true,
        tabs: [
          Tab(
            text: "회차 정보",
          ),
          Tab(
            text: "비슷한 콘텐츠",
          )
        ],
      ),
    ),
  ),
)
```

```
      ];
    },
    body: Container(
      // ❹
      child: TabBarView(
        children: [
          Container(),
          Container(),
        ],
      ),
    ),
  //...생략
```

❶ 탭바를 쓰기 위해선 상단에 DefaultTabController가 필요합니다. length를 통해 회차 정보, 비슷한 콘텐츠 2개의 탭바를 생성한다고 알려줍니다.

❷ NestedScrollView는 크게 headerSliverBuilder와 body 두 개의 스크롤 가능한 부분으로 구분됩니다. 탭바를 기준으로 탭바까지는 headerSliverBuilder, 탭바의 상세화면이 들어 있는 TabBarView는 body에 넣습니다.

❸ 탭바는 기본적으로 하단에 현재 보여지는 메뉴를 알려주는 선이 있습니다. indicator 옵션을 이용하여 이 선을 커스텀 할 수 있습니다.

❹ TabBarView는 위에서 지정한 탭바의 개수와 동일해야 합니다. 위에서 2개로 지정했기에 Container를 미리 2개 추가하 였습니다.

TabBar의 첫 번째 View 작성하기

◆ 탭바의 첫 번째 뷰

❶ EpisodeCard 위젯 작성하기

회차 정보 탭에서는 각 회차에 대한 정보를 보여주는 위젯이 반복해서 나열됩니다. 이 위젯을 먼저 만들어봅시다.

```dart
import 'package:flutter/material.dart';
import 'package:font_awesome_flutter/font_awesome_flutter.dart';
import 'package:netflix_ui/models/episode.dart';

class EpisodeCard extends StatelessWidget {
  const EpisodeCard({
    Key? key,
    required this.episode,
  }) : super(key: key);

  final Episode episode;

  @override
  Widget build(BuildContext context) {
    return Stack(
      children: [
        Column(
          crossAxisAlignment: CrossAxisAlignment.start,
          children: [
            Row(
              children: [
                ClipRRect(
                  borderRadius: BorderRadius.circular(5.0),
                  child: Image(
                    image: AssetImage(episode.previewImageUrl),
                    width: 130.0,
                    height: 70.0,
                  ),
                ),
                SizedBox(width: 10.0),
                Column(
                  crossAxisAlignment: CrossAxisAlignment.start,
                  children: [
                    RichText(
                      text: TextSpan(
                        text: episode.episode,
                        style: TextStyle(fontWeight: FontWeight.bold),
                        children: [
                          TextSpan(text: ". "),
                          TextSpan(text: episode.title)
                        ]),
                    ),
                    Text(
                      episode.playTime,
                      style: TextStyle(
```

```
                color: Color(0xFF6c6c6c),
              ),
            ),
          ],
        )
      ],
    ),
    SizedBox(height: 10.0),
    Text(episode.description),
  ],
),
Positioned(
    right: 0.0, top: 20.0, child: Icon(FontAwesomeIcons.download))
    ],
  );
}
}
```

만들어진 위젯을 TabBarView에 나열해봅시다. TabBarView의 첫 번째 Container를 지우고 다음
코드를 작성합니다.

```
//...생략
child: TabBarView(
  children: [
    Padding(
      padding: const EdgeInsets.only(left: 8.0, right: 25.0),
      child: ListView(
        children: [
          Padding(
            padding:
                const EdgeInsets.symmetric(horizontal: 15.0),
            child: Text(
              "시즌 1",
              style: TextStyle(fontSize: 18.0),
            ),
          ),
          SizedBox(height: 20.0),
          Column(
            children: List.generate(
              episodes.length,
              (index) => Padding(
                padding: const EdgeInsets.only(bottom: 30.0),
                child: EpisodeCard(
                  episode: episodes[index],
                ),
//...생략
```

TabBar의 두 번째 View 작성하기

◆ 탭바의 두 번째 뷰

TabBarView children의 두 번째 Container를 지우고 그 자리에 코드를 작성합니다.

```
//...생략
Padding(
  padding: const EdgeInsets.symmetric(horizontal: 8.0),
  child: ListView(
    children: [
      Wrap(
        runSpacing: 8.0,
        alignment: WrapAlignment.spaceBetween,
        children: List.generate(
          posters.length,
          (index) => Image(
            image: AssetImage(posters[index]),
            width:
                MediaQuery.of(context).size.width * 0.3,
          ),
        ),
      ),
    ],
  ),
)
//...생략
```

03 _ 7 공개 예정 화면 만들기

해당 소스 코드는 https://github.com/flutter-coder/flutter-ui-book2/tree/master/netflix_
ui/netflix_ui_07 에 공개되어 있습니다.

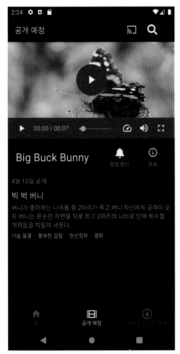

◆ 공개 예정 완성 모습

공개 예정 화면에서는 이전 화면과 달리 새로운 위젯은 없습니다. 가벼운 마음으로 작성해봅시다.

> **작업 순서**
>
> ❶ 공개 예정 화면 기본 코드 작성하기
> ❷ 동영상 플레이어 추가하기
> ❸ 공개 예정 화면 완성하기

공개 예정 화면 기본코드 작성하기

이전에 만들어 둔 ComingScreen으로 이동하여 앱바 등 기본코드를 작성하겠습니다. 영상 재생을
위해 StatelessWidget이 아닌 StatefulWidget으로 작성합니다.

```dart
import 'package:flutter/material.dart';
import 'package:font_awesome_flutter/font_awesome_flutter.dart';

class ComingScreen extends StatefulWidget {
  @override
  _ComingScreenState createState() => _ComingScreenState();
}

class _ComingScreenState extends State<ComingScreen> {
  @override
  Widget build(BuildContext context) {
    return Scaffold(
      appBar: AppBar(
        automaticallyImplyLeading: false,
        backgroundColor: Colors.transparent,
        title: Text(
          "공개 예정",
          style: TextStyle(fontSize: 18.0),
        ),
        actions: [
          Icon(FontAwesomeIcons.chromecast),
          SizedBox(width: 25.0),
          Icon(FontAwesomeIcons.search),
          SizedBox(width: 25.0),
          Padding(
            padding: const EdgeInsets.symmetric(vertical: 14.0),
            child: ClipRRect(
              borderRadius: BorderRadius.circular(5.0),
              child: Image(
                image: AssetImage("assets/images/dog.jpg"),
              ),
            ),
          ),
          SizedBox(width: 15.0),
        ],
      ),
      body: Center(
        child: Text("ComingScreen"),
      ),
    );
  }
}
```

동영상 플레이어 추가하기

회차 정보 화면과 동일한 코드입니다. 역시나 어렵다면 굳이 이해하려고 하지 않아도 좋습니다. 좀
더 플러터에 대한 지식이 쌓이면 그때 봐도 늦지 않습니다.

```dart
class _ComingScreenState extends State<ComingScreen> {
  late VideoPlayerController _videoPlayerController;
  ChewieController? _chewieController;
  // ❶
  final List<String> genres = ["가슴 뭉클", "풍부한 감정", "권선징악", "영화"];

  Future<void> initializePlayer() async {
    _videoPlayerController = VideoPlayerController.network(
        'https://flutter.github.io/assets-for-api-docs/assets/videos/butterfly.mp4');
    await Future.wait([_videoPlayerController.initialize()]);
    _chewieController = ChewieController(
      videoPlayerController: _videoPlayerController,
      autoPlay: true,
    );
    setState(() {});
  }

  @override
  void initState() {
    super.initState();
    initializePlayer();
  }

  @override
  void dispose() {
    _videoPlayerController.dispose();
    _chewieController?.dispose();
    super.dispose();
  }

  @override
  Widget build(BuildContext context) {
    return Scaffold(
      //...생략
      body: ListView(
        children: [
          Container(
            height: MediaQuery.of(context).size.height * 0.3,
            child: _chewieController != null &&
                    _chewieController!.videoPlayerController.value.isInitialized
                ? Chewie(
                    controller: _chewieController!,
                  )
                : Column(
```

```
                mainAxisAlignment: MainAxisAlignment.center,
                children: const [
                  CircularProgressIndicator(),
                  SizedBox(height: 20),
                  Text('Loading'),
                ],
              ),
          ), // end of Container
//...생략
```

❶영상 재생과는 관계가 없지만 이후에 사용할 변수를 미리 선언하였습니다.

공개 예정 화면 완성하기

위에서 작성한 Container가 끝난 곳부터 이어서 작성합니다.

```
//...생략
children: [
  Container(...),
  Padding(
    padding: const EdgeInsets.symmetric(horizontal: 8.0),
    child: Column(
      crossAxisAlignment: CrossAxisAlignment.start,
      children: [
        Padding(
          padding: const EdgeInsets.symmetric(
              horizontal: 10.0, vertical: 20.0),
          child: Row(
            children: [
              Expanded(
                child: Text(
                  "Big Buck Bunny",
                  style: TextStyle(
                    fontSize: 25.0,
                    color: Colors.white,
                  ),
                ),
              ),
              Container(
                width: MediaQuery.of(context).size.width * 0.4,
                child: Row(
                  mainAxisAlignment: MainAxisAlignment.spaceAround,
                  children: [
                    LabelIcon(
                        icon: FontAwesomeIcons.solidBell,
```

```
                label: "알림 받기"),
            LabelIcon(icon: Icons.info_outline, label: "정보"),
          ],
        ),
      )
    ],
  ),
),
Text("4월 10일 공개"),
SizedBox(height: 5.0),
Padding(
  padding: const EdgeInsets.symmetric(vertical: 5.0),
  child: Text(
    "빅 벅 버니",
    style: TextStyle(
      fontSize: 18.0,
      color: Colors.white,
    ),
  ),
),
Text(episodes[0].description),
SizedBox(height: 5.0),
Row(
  children: List.generate(
    genres.length,
    (index) {
      // ❶
      if (index == 0) {
        return Text(
          genres[index],
          style: TextStyle(
              color: kTextLightColor, fontSize: 12.0));
      } else {
        return Row(
          children: [
            Padding(
              padding:
                  const EdgeInsets.symmetric(horizontal: 5.0),
              child: Text(" · "),
            ),
            Text(
              genres[index],
              style: TextStyle(
                  color: kTextLightColor, fontSize: 12.0))
          ],
        );
      }
    },
  ),
```

```
        ),
      ],
    ),
  ) // end of Padding
//...생략
```

❶ index가 0이면, 즉 첫 번째 장르는 그대로 출력하고 두 번째 장르부터는 사이에 점을 찍어서 출력되도록 합니다.

03 _ 8 저장된 콘텐츠 목록 화면 만들기

해당 소스 코드는 https://github.com/flutter-coder/flutter-ui-book2/tree/master/netflix_ui/netflix_ui_08 에 공개되어 있습니다.

◆ 저장된 콘텐츠 목록 완성 모습

모두의플레이 UI의 마지막 화면입니다. 이번 장에서 써보게 될 Transform 위젯은 변환을 위한 위젯입니다. 이 위젯은 특정 위젯을 회전시키는 것은 물론이며 확대, 축소 혹은 애니메이션 등 수많은 동작을 입힐 수 있습니다. 여기서는 Transform의 rotate를 이용하여 가운데 위치한 포스터들을 회전시켜봅시다.

❶ 이미지를 회전시켜주는 RotateImage 위젯 만들기

❷ ContentsListScreen 완성하기

이미지를 회전시켜주는 RotateImage 위젯 만들기

재사용을 위해 먼저 RotateImage 위젯을 만들어보겠습니다. contents_list 폴더에 components 를 만든 후 rotate_image.dart 파일을 생성합시다.

lib / screens / contents_list / components / rotate_image.dart

```dart
import 'package:flutter/material.dart';

class RotateImage extends StatelessWidget {
  const RotateImage({
    Key? key,
    required this.imageUrl,
    this.degree = 0,
  }) : super(key: key);

  final String imageUrl;
  final int degree;

  @override
  Widget build(BuildContext context) {
    // ❶
    return Transform.rotate(
      angle: degree * 3.14 / 180,
      child: ClipRRect(
        borderRadius: BorderRadius.circular(5.0),
        child: Image(
          image: AssetImage(imageUrl),
          height: 150.0,
        ),
      ),
    );
  }
}
```

❶ Transform.rotate()는 자식 위젯을 회전시키는 역할을 합니다. angle 속성에는 임의의 숫자만 입력해도 회전시킬 수 있지만 내가 원하는 각도만큼만 회전시키기 위하여 각도 * pi / 180 공식을 이용합니다.

ContentsListScreen 완성하기

ContentsListScreen으로 돌아와서 화면을 완성해봅시다. 중간의 포스터는 Stack을 이용하여 원 모양의 위젯 위에 포스터 3개를 겹치는 방식으로 구현하고 있습니다.

```
lib / screens / contents_list / contents_list_screen.dart

import 'package:flutter/material.dart';
import 'package:font_awesome_flutter/font_awesome_flutter.dart';
import '../../constants.dart';
import 'components/rotate_image.dart';

class ContentsListScreen extends StatelessWidget {
  double _circleRadius = 110.0;
  double _centerPosterWidth = 120.0;

  @override
  Widget build(BuildContext context) {
    return Scaffold(
      appBar: AppBar(
        automaticallyImplyLeading: false,
        backgroundColor: Colors.transparent,
        title: Text(
          "저장된 컨텐츠 목록",
          style: TextStyle(fontSize: 18.0),
        ),
        actions: [
          Icon(FontAwesomeIcons.search),
          SizedBox(width: 25.0),
          Padding(
            padding: const EdgeInsets.symmetric(vertical: 14.0),
            child: ClipRRect(
              borderRadius: BorderRadius.circular(5.0),
              child: Image(
                image: AssetImage("assets/images/dog.jpg"),
              ),
            ),
          ),
        ],
      ),
      body: SingleChildScrollView(
        child: Padding(
          padding: const EdgeInsets.symmetric(horizontal: 8.0),
          child: Column(
            crossAxisAlignment: CrossAxisAlignment.start,
            children: [
              SizedBox(height: 20.0),
```

```
Padding(
  padding: const EdgeInsets.symmetric(vertical: 10.0),
  child: Text(
    "'나만의 자동 저장' 기능",
    style: TextStyle(fontSize: 20.0, color: Colors.white),
  ),
),
Text("언제나 휴대폰에 시청할 콘텐츠가 있도록, "
    "개인화된 영화와 TV 프로그램을 알아서 저장해 드립니다."),
Center(
  child: Padding(
    padding: const EdgeInsets.symmetric(vertical: 30.0),
    child: Stack(
      children: [
        CircleAvatar(
          backgroundColor: kButtonDarkColor,
          radius: _circleRadius,
        ),
        Positioned(
          top: _circleRadius / 2,
          child: RotateImage(
            imageUrl: "assets/images/les_miserables_poster.jpg",
            degree: -20,
          ),
        ),
        Positioned(
          right: 0.0,
          top: _circleRadius / 2,
          child: RotateImage(
            imageUrl: "assets/images/minari_poster.jpg",
            degree: 20,
          ),
        ),
        Positioned(
          left: _circleRadius - (_centerPosterWidth / 2),
          top: _circleRadius / 4,
          child: ClipRRect(
            borderRadius: BorderRadius.circular(5.0),
            child: Image(
              image: AssetImage(
                  "assets/images/the_book_of_fish_poster.jpg"),
              width: _centerPosterWidth,
            ),
          ),
        ),
      ],
```

```
            ),
          ),
        ),
        Container(
          decoration: BoxDecoration(
            borderRadius: BorderRadius.circular(3.0),
            color: kButtonBlueColor,
          ),
          width: double.infinity,
          padding: EdgeInsets.symmetric(vertical: 8.0),
          alignment: Alignment.center,
          child: Text(
            "설정하기",
            style: TextStyle(color: Colors.white),
          ),
        ),
        SizedBox(height: 50.0),
        Center(
          child: Container(
            decoration: BoxDecoration(
              borderRadius: BorderRadius.circular(3.0),
              color: kButtonDarkColor,
            ),
            padding:
                EdgeInsets.symmetric(vertical: 5.0, horizontal: 10.0),
            child: Text(
              "저장 가능한 콘텐츠 찾아보기",
              style: TextStyle(color: Colors.white, fontSize: 16.0),
            ),
          ),
        ),
      ],
    ),
  ),
), // end of SingleChildScrollView
);
```

모두의플레이 UI 만들기가 끝났습니다. 쉬운 화면도 있었지만 상당히 난이도가 있는 화면도 있습니다. UI를 구성하는 방법에는 정답은 없습니다. 지금까지 만들어본 앱을 통해서 가져갈 건 가져가고 자신과 맞지 않는 것은 나만의 방식으로 구성하는 것도 좋은 방법입니다. 여기까지 따라오느라 고생 많으셨습니다.